계명대학교 출판부
KEIMYUNG UNIVERSITY PRESS

Korean Alive Intermediate III

살아있는 한국어 III

계명대학교 한국어학당
Korean Language and Culture Center
Keimyung University

korean language

머리말

말을 배운다는 것은 참으로 오랜 시간을 필요로 하는 것 같다. 많은 사람들은 어린 아이가 말을 깨쳐 가는 과정을 보며 그 빠른 속도에 놀라워한다. 그러나 어린 아이가 '제대로 된' 의사소통을 하기까지 걸리는 시간을 생각해 보면 모국어 습득이라 할지라도 단 시간에 이루어지는 것이 아니다. 하물며 외국어야 더 말할 나위 없을 것이다.

급하게 먹는 음식이 체하기 쉬운 것처럼 말이라는 것도 일정한 시간과 공을 들여야 하는 것이라면, 그 기간을 무리하게 줄이는 방법보다는 차라리 차근차근 익혀갈 수 있도록 안내해 주는 교재가 필요할 것이다. 그 먼 길이 너무 험하지 않도록 돌부리를 골라내고 끊어지지 않도록 다리를 놓아주고 지루하지 않도록 길동무를 해줄 수 있는 그런 교재 말이다.

시중에는 많은 교재들이 출간되어 있다. 각각 다른 기획 의도 하에 각기 다른 장점들을 가지고 있는 것으로 안다. 이 교재를 기획하며 우리 집필진은 다음과 같은 몇 가지 사항을 목표로 삼았다.

첫째, 한국어를 접하는 학습자들에게 한국어가 '재미있는 언어' 임을 알게 하자는 것이다. 그래서 교실에서 활용할 수 있는 여러 가지 재미있는 게임과 활동을 단원의 주제에 맞게 제시하였다.

둘째, 한국어를 '쉽게' 배우도록 하자는 것이다. 단원과 단원 사이의 연계성과 난이도 조절에 무척 많은 고심을 하여 가능한 한 쉽게 접근할 수 있도록 하였다.

셋째, 배운 내용을 생활에서 곧바로 쓸 수 있도록 하자는 것이다. 그런 점을 고려하여 이 책에서는 구어체인 '해요체' 가 먼저 제시하고 단원마다 학습자들이 실생활에서 접할 수 있는 기능과 상황을 중심으로 구성하였다.

넷째, 학문 목적의 학습자들을 위하여 쓰기와 읽기 능력을 향상시킬 수 있도록 하자는 것이다. 매 단원 종합 문제에서 쓰기와 읽기 자료가 제시된 것은 바로 이 때문이다.

이 교재는 부교재인 워크북과 함께 사용될 것이다. 워크북을 통해 학습자는 더 다양한 연습 활동으로 한국어 실력을 향상시킬 수 있을 것이라고 생각한다.

책이 나오기 까지 한국어학당 여러 선생님들의 정성과 노고가 있었다. 직접적으로 교재 개발에 참여한 선생님들은 물론 주위에서 보이지 않는 성원과 도움을 아끼지 않았던 많은 분들의 수고에 감사드린다. 또한 김기환 팀장님과 제갈 상수 팀장님, 정지용 선생님 등 행정팀의 지원과 출판부의 여러 선생님들의 수고가 감사드린다. 덕분에 작업과 출판 과정이 순조로울 수 있었던 것 같다. 일일이 열거할 수는 없지만 각종 자료 수집과 편집에 도움을 준 주변의 많은 분들에게도 감사를 드린다.

이 책이 실제 수업에서 교사와 학습자에게 유익하게 사용되기를 기대한다.

2008년 7월

계명대학교 한국어학당

소장 김 선 정

일러두기

《살아있는 한국어 Ⅲ》은 한국어 초급 단계를 마친 학습자들이 쉽고 재미있게 한국어 실력을 향상시킬 수 있도록 만든 교재이다. 한국에서 유학하고자 하는 학습자는 물론이고 일반 목적의 학습자들이 실생활에 필요한 기본적인 표현과 문법 요소들을 익힐 수 있도록 하였다. 또한 기초적인 의사소통에 필요한 기능을 중심으로 구성되었으며, 다양한 과제 활동을 통해 학습자들이 여러 가지 상황 속에서 한국어 문법과 표현들을 익힐 수 있도록 하였다. 본 교재를 통해 학습자들은 말하기, 듣기, 쓰기, 읽기의 모든 언어활동 능력을 키우게 될 것이다.

본 교재는 20개의 단원으로 이루어져 있으며 총 200시간 정도의 한국어 수업 시간을 고려하였다. 각 단원은 서로 연관성이 있는 2개의 본문을 중심으로, 『단어와 표현』, 『조금 더 공부해요』, 『문법』, 『연습』, 『함께 해요』, 『종합연습』, 『읽기』등으로 구성되어 있다. 이 중에서 『조금 더 공부해요』와 『함께 해요』는 각 단원의 성격에 맞는 다양한 내용으로 구성하고자 하였다.

교재 구성

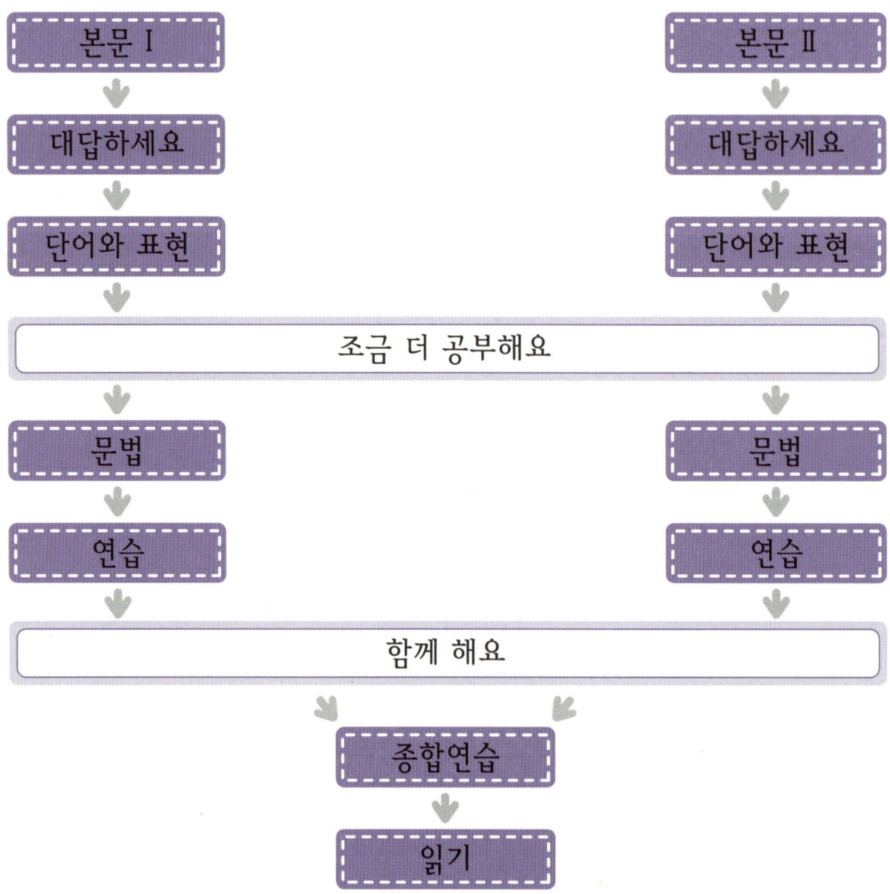

1. 『**본문**』은 대화문을 중심으로 구성하였다. 본문의 내용과 어울리는 적절한 그림과 함께 제시하여 학습자들이 본문의 내용을 유추하고 교사와 함께 다양한 대화를 나눌 수 있도록 하였다.

2. 『**대답하세요**』는 본문의 내용과 관련된 질문으로 학습자들의 본문에 대한 이해 정도를 확인할 수 있도록 하였다.

3. 『**단어와 표현**』에서는 본문에 나오는 새로운 단어나 표현을 제시하였다. 표현의 경우, 다양한 예문을 통해 학습자의 이해를 돕고 빈칸을 두어 학습자 스스로가 배운 표현을 활용하여 문장을 만들어 볼 수 있도록 하였다.

4. 『**조금 더 공부해요**』에서는 단원의 교육 목표와 직접 관련된 어휘나 표현들을 정리하여 학습자들이 좀 더 심화된 학습을 할 수 있도록 하였다.

5. 『**문법**』은 해당 과에서 배워야 할 문법을 제시하고 그 문법에 해당하는 적절한 예문들을 제시하여 학습자들의 이해를 돕고자 하였다. 불규칙 용언 등 변화가 다양한 문법은 표를 활용하여 보기 쉽게 제시하였다.

6. 『**연습**』은 해당 문법과 같은 페이지에 배치하여 학습자들이 학습한 문법을 바로 활용하여 확인할 수 있도록 구성되었다.

7. 『**함께 해요**』는 말하기 중심의 과제로, 학습자들이 게임이나 짝 활동이나 소그룹 활동을 할 수 있도록 하여 배운 문법을 자연스럽게 활용할 수 있도록 하였다.

8. 『**종합연습**』은 해당 과에서 배운 문법과 표현 등을 종합적으로 풀 수 있는 다양한 문제를 제시하였다. 말하기, 쓰기, 듣기의 통합적 활동을 통해 학습자들의 의사소통 능력 향상에 도움을 주고자 하였다.

9. 『**읽기**』는 해당 단원의 주제 및 소재와 관련된 읽기 자료가 제시되어 학습자들이 한국어 읽기 능력을 배양할 수 있도록 하였다. 글을 읽고 내용과 관련된 질문을 통해 학습자들이 내용을 이해했는지를 파악할 수 있도록 하였다.

내용 구성

과	제목	기능	문법	표현
1	소피 씨는 호주에 가 본 적이 있어요?	고향 소개하기 경험 표현하기 나열하기 이유 표현하기	V-(으)ㄴ 적이 있다(↔없다) A/V-기로 유명하다	너무나 올라가다(↔올라오다) 내려가다(↔내려오다) 그렇게(요)
			A/V-(으)며 N(이)며 N-(이)라서 (=N이어서[N여서])	N에 대해(서) N, N 등 N을/를 대표하다
2	지하철을 타고 가다가 버스로 갈아타세요	교통편 안내하기 행위의 전환 표현하기 허용 표현하기 금지 표현하기	V-다가 V-(으)면 되다	N(으)로 갈아타다 맞다, 틀리다 N이/가 보이다 N을/를 건너다
			V-(으)려면 V-지 말고	번째 놓다 운이 좋다(↔나쁘다)
3	열이 나고 기침도 심해요	증상 설명하기 주의사항 말하기 완곡한 명령 표현하기	'ㅅ' 불규칙 V-도록 하다	심하다 푹 계속
			A/V-(으)ㄹ 테니까 N-씩	따라가다(↔따라오다) N정도 지나다
4	방을 구해 본 적이 있는데요	방 구하기 짐작 표현하기	A/V-(으)ㄴ/는데(요) V-기(가) A	N(으)로 옮기다 훨씬 A/V-(으)면 어떡하죠?
			A-아/어 보이다 A-지 않아요?	포함되다 따로 비다 정하다
5	지금 배달이 되나요?	전화로 주문하기 부드럽게 질문하기 감탄 표현하기	V-나요 A-(으)ㄴ가요? N-인가요?	N이/가 되다 갖다 주다/ 갖다 드리다 N(으)로
			V-는 중이다, N 중 A-군요 V-는군요	A-아/어 죽겠다 하여튼 뜻 사과[감사, 축하]하는 뜻으로
6	잘 가	여행 감상문 쓰기 서술문 쓰기 직접인용하기	V-ㄴ/는다 V-았/었다 V-(으)ㄹ 것이다 V-겠다 "……" 하고 V, "……"라고 V	한-N N을/를 흘리다 V-는 길 내려다보다(↔올려다보다)
			N이다 N이었다/였다 N일 것이다 A-다 A-았/었다, A-(으)ㄹ 것이다 A-겠다	화가 나다 / 화를 내다 뜨다(↔지다) 그러나

과	제목	기능	문법	표현
7	노란색을 원하시면 주문해 드릴 수 있어요	물건 고르기 불확실성 표현하기 정도 표현하기 이유 표현하기	A/V-(으)ㄹ지 모르겠다 “ㅎ” 불규칙 A/V-(으)ㄴ/는 편이다 A/V-거든(요)	새로 나오다 진하다(↔연하다) A/V-아서/어서 그래(요) 원하다 맞다
8	김장을 하지 않고 사 먹는 사람이 많다고 합니다	간접화법으로 표현하기 한정 표현하기	A-다고 하다 V-ㄴ/는다고 하다 N-(이)라고 하다 A/V-(으)ㄹ 거라고 하다 N(이)나 N밖에	N철 늘다 대부분 방금 A/V-다는 말이다 들다
9	면접 보러 가기로 했어	면접 보기 전칭(全稱)구문 표현하기 상황 추측하기 약속 표현하기	누구나/언제나/무엇이나/어디나/어디에서나 A/V-(으)ㄹ 때 A/V-(으)ㄹ 텐데 V-기로 하다	N 이상(↔이하) 더욱 면접(을) 보다 그렇지 않아도 금방 바로
10	에어컨을 껐다가 다시 켰어요	동시성 표현하기 행동의 전환 표현하기 근거 표현하기 상태 표현하기	V-자마자 V-았/었다가 V-는 대로 N대로 V-아/어 있다	꽤 고장 소용없다 따르다 맞추다 무슨 말이에요?
11	잡채를 만들어 볼까요?	요리 방법과 순서 알기 상태 유지 표현하기 당위 조건 표현하기 부가 기능 말하기	V-아/어 놓다 A/V-아/어야 A/V N-에다가	각각 모든 섞다 짓다 이제 비비다
12	다음 주에 설악산에 갈까 해요	계획 표현하기 걱정 표현하기 대안 표현하기 정도 부사 표현하기	V-(으)ㄹ까 하다 V-(으)ㄹ 수 있을지 모르겠다(걱정이다) V-는 대신 N 대신 전혀 안/못 V 거의 안/못 V	미리 이용하다 각종 벌써 게다가 무료
13	시험 치는 날에는 미역국을 먹지 말라고 했어요	일어날 뻔한 일 표현하기 간접화법 표현하기	V-자고 하다 V-(으)ㄹ 뻔하다 A/V-(으/느)냐고 하다[묻다] N-(이)냐고 하다[묻다] V-(으)라고 하다	사라지다 어떻게 된 일이에요? 놀라다 아까 시험에 붙다(↔떨어지다) 믿다 나중에

내용구성

과	제목	기능	문법	표현
14	명절 음식을 좀 가져 왔어요	추측하기 시간의 경과 표현하기 묘사하기	A/V-(으)ㄴ/는/(으)ㄹ 모양이다 V-느라고	이렇게/그렇게/저렇게 남다 이것저것
			A/V-았/었을 때 N같이	나이를 먹다 V-(으)ㄴ 지 오래되다(↔얼마 안 되다)
15	아직 한 번도 못 가 봤어요	강한 부정 표현하기 부가 기능 말하기 의지 표현하기 경험의 결과 표현하기	한 N도 안/못 A/V-(으)ㄴ/는 데다가	눈앞이 캄캄하다 V-도록 하다 한 N
			V-아/어야겠다 V-아/어 보니(까)	간단하다 N까지 N 있으면
16	아무리 기다려도 물건이 오지 않아서요	전화로 불만 표현하기 양보 표현하기 이유 표현하기 회상 표현하기	아무리 A/V-아/어도 A/V-잖아(요) N(이)잖아(요)	어떡하다 틀림없이 만약
			V-던	말이다 그냥 화를 풀다
17	한글날은 한글을 만든 것을 기념하는 날이에요	도움 표현하기 부정칭 구문 표현하기	V-기 위해 N을/를 위해	열다 A/V-다고 듣다 자신이 있다(↔없다)
			아무 N도	N에 비해(서) 표현하다 V-는 동안
18	창밖으로 바다가 보여서 전망이 좋아요	피동 표현하기 정도 표현하기 감사 표현하기 변화 표현하기	피동사 V-이/히/리/기-	정리 덜 엉망이다
			V-(으)ㄴ/는 덕분에 N 덕분에 V-게 되다	앞으로 N이/가 생기다 손이 크다
19	어떤 사람을 좋아해요?	추측하기 성격 표현하기	A-(으)ㄴ가 보다 A-았/었나 보다 V-나 보다 V-았/었나 보다	A/V-(으)ㄴ/는데 괜찮아요? 상관없다 오히려
			N-적 N-인가 보다 N-였나/이었나 보다	누구보다/어디보다/무엇보다 어쩐지 A/V-다고 생각하다 N(이)라고 생각하다
20	누구든지 참가할 수 있습니다	상태 유지 표현하기 희망 표현하기 간접화법 축약형 말하기 조언하기	N(이)든지 V-아/어 두다	N은/는 물론이고 및 V-기를 바라다
			A-대요 V-ㄴ/는 대요/-(으)래요/-재요 V-(으)ㄹ 거래요 N-(이)래요 N-(이)나	V-지 그래요? 그러지 말고 N에 나가다

Korean Alive Intermediate Ⅲ

살아있는 한국어 Ⅲ

계명대학교 한국어학당
Korean Language and Culture Center
Keimyung University

LEVEL 3

contents

1 소피 씨는 호주에 가 본 적이 있어요?

I

피터 소피 씨 고향은 어디예요?

소피 내 고향은 프랑스 파리예요.

피터 그래요? 나는 파리로 여행을 가 본 적이 있어요.

소피 언제 갔어요?

피터 작년 겨울에요. 날씨가 너무나 추웠지만 정말 아름다웠어요. 특히 에펠탑에 올라가서 본 파리의 야경이 아주 좋았어요.

소피 그렇지요? 그런데 피터 씨 고향은 어디예요?

피터 시드니예요. 소피 씨는 호주에 가 본 적이 있어요?

소피 아니요. 아직 못 가 봤어요. 호주는 자연 환경이 아름답기로 유명하지요?

피터 네, 그리고 다른 나라에서는 볼 수 없는 동물들도 있어요. 특히 캥거루와 코알라가 유명해요.

소피 나도 호주에 가서 코알라를 직접 보고 싶어요.

피터 내가 이번 겨울에 고향으로 돌아가니까 시간이 나면 호주에 한번 놀러 오세요.

소피 그럴게요.

대답하세요

1. 소피와 피터의 고향은 어디입니까?
2. 소피는 호주에 가 봤습니까?
3. 호주는 어떤 곳입니까?

단어와 표현

너무나	올라가다	야경	시드니
자연	환경	캥거루	코알라
취소하다	다투다	올라오다	내려가다
내려오다	정상	엘리베이터	계단

◉ 너무나

- 일이 너무나 많아서 오늘 약속은 취소해야 할 것 같아요.
- 제 동생과 저는 성격이 너무나 달라서 다투는 일이 많아요.
- 고향에 돌아가면 친구들과 선생님이 너무나 많이 보고 싶을 겁니다.
-

◉ 올라가다 (↔올라오다) / 내려가다 (↔내려오다)

- 비가 많이 와서 산 정상까지 올라가지 못했어요.
- 엘리베이터가 고장 났으니까 계단으로 내려가 주십시오.
- 2층으로 올라와서 오른쪽으로 돌면 사무실이 보일 겁니다.
-

◉ 그럴게(요)

- 여기서 잠깐만 기다려 줄래?
  - 그럴게. 빨리 와.
- 좀 시끄러운데 문 좀 닫아 주세요.
  - 그럴게요.
- 날씨가 갑자기 추워졌어요. 옷을 따뜻하게 입고 다니세요.
  - 그럴게요. 걱정해 줘서 고마워요.
-

문법 1 V-(으)ㄴ 적이 있다 (↔없다)

- 외국에 가 본 적이 있어요.
- 유명한 사람과 사진을 찍은 적이 있어요.
- 베트남 음식을 먹어 봤어요?
  – 아니요, 먹어 본 적이 없어요.

연 습

1. 〈보기〉와 같이 쓰세요.

> 보기 한국 음악을 들어 보다
> 가 : 한국 음악을 들어 본 적이 있어요?
> 나 : 네, 한국 음악을 들어 본 적이 있어요.
> 아니요, 한국 음악을 들어 본 적이 없어요.

1) 한복을 입어 보다
   가 : 한복을 ______________________?
   나 : 네, ______________________.

2) 한국어 수업 시간에 자다
   가 : 한국어 수업 시간에 ______________________?
   나 : 아니요, ______________________.

3) 제주도에 가 보다
   가 : 제주도에 ______________________?
   나 : 네, ______________________.

4) 지갑을 잃어버리다
   가 : 지갑을 ______________________?
   나 : 아니요, ______________________.

5) 외국 사람과 이야기하다
   가 : 외국 사람과 ______________________?
   나 : 아니요, ______________________.

문법 2 A/V-기로 유명하다

• 부산은 바다가 깨끗하고 아름답기로 유명하다.
• 지영 씨는 노래도 잘하고 춤도 잘 추기로 유명해요.
• 이 식당은 국수가 맛있기로 유명해서 항상 손님들이 많아요.

연 습

1. 〈보기〉와 같이 쓰세요.

보기 가 : 이탈리아는 뭐로 유명해요? (피자와 스파게티, 맛있다)
나 : 피자와 스파게티가 맛있기로 유명해요.

1) 가 : 상우 씨 고향은 뭐로 유명해요? (사과, 맛있다)
나 : ____________________.

2) 가 : 박 선생님은 뭐로 유명해요? (수업, 재미있게 하다)
나 : ____________________.

3) 가 : 그 식당은 뭐로 유명해요? (음식이 맛있다, 값이 싸다)
나 : ____________________.

4) 가 : 경주는 뭐로 유명해요? (경치, 아름답다)
나 : ____________________.

5) 가 : 우리 반 ○○씨는 뭐로 유명해요?
나 : ____________________.

6) 가 : 여러분 나라는 뭐로 유명해요?
나 : ____________________.

II

선생님 여러분, 이번 시간에는 여러분의 고향에 대해서 소개해 봅시다. 먼저 샤오밍 씨부터 발표해 볼까요?

샤오밍 네, 선생님. 제 고향은 중국 북경입니다. 북경은 오랜 역사를 가진 중국의 수도입니다. 중국의 정치, 경제, 문화의 중심지이며 유명한 관광 도시입니다. 북경에는 이화원, 천안문, 자금성 등이 있으며, 세계에서 제일 긴 만리장성도 있습니다. 그리고 북경을 대표하는 오리 요리가 있습니다. 제 고향 북경으로 한번 놀러 오세요.

선생님 샤오밍 씨, 아주 잘했어요. 처음이라서 많이 긴장했지요?

샤오밍 네, 선생님. 그래서 준비한 말을 다 못했어요.

선생님 다음에는 더 잘할 수 있을 거예요. 그럼, 이번에는 투이 씨가 고향 소개를 한번 해 볼까요?

대답하세요

1 샤오밍은 무엇에 대해서 이야기하고 있습니까?
2 샤오밍의 고향은 어디입니까?
3 샤오밍의 고향은 어떤 곳입니까?

단어와 표현

대하다	발표하다	북경	오랜
정치	경제	문화	중심지
관광	이화원	천안문	자금성
등	만리장성	대표하다	긴장하다
말씀하다	설날	명절	

◉ N에 대해(서)

- 어제 배운 문법에 대해서 질문이 있습니다.
- 오늘 수업 시간에 무엇에 대해서 발표할 거예요?
- 한국 문화에 대해서 자세히 말씀해 주십시오.
-

◉ N, N 등

- 동생은 사과, 딸기, 포도, 수박 등 과일은 다 좋아해요.
- 내 가방에는 책, 지갑, 휴지, 열쇠 등 여러 가지 물건이 있어요.
- 샤오밍 씨 집 냉장고에는 음료수, 빵, 과일 등 먹을 것이 항상 많습니다.
-

◉ N을/를 대표하다

- 여러분 나라를 대표하는 음식이 뭐예요?
- 설날과 추석은 한국을 대표하는 명절이다.
- 피터 씨가 우리 반을 대표해서 노래를 부를 거예요.
-

문법 1 A/V-(으)며, N이며

- 내 남자 친구는 키가 크며 잘생겼습니다.
- 동우 씨는 음악 선생님이며 오페라 가수이다.
- 인터넷으로 쇼핑을 할 수 있으며 영화나 드라마도 볼 수 있습니다.

연습

1. 〈보기〉와 같이 쓰세요.

> 보기 (키가 크다, 재미있다)
> 김 선생님은 키가 크며 재미있습니다.

1) (깨끗하다, 사람들이 친절하다)

   일본은 ______________________________.

2) (방이 넓다, 학교에서 가깝다)

   새 집은 ______________________________.

3) (편하다, 색깔도 예쁘다)

   어제 산 옷은 ______________________________.

4) (바람이 많이 불다, 비가 자주 오다)

   요즘 날씨는 ______________________________.

5) (글씨가 크다, 그림이 많다)

   이 한국어 책은 ______________________________.

6) (______________, ______________)

   우리 고향은 ______________________________.

문법 2 N-(이)라서 (=N이어서[N여서])

• 학생이라서 열심히 공부해야 해요.
• 오늘은 휴일이어서 학교에 가지 않습니다.
• 이 노래는 제가 자주 듣는 노래라서 쉽게 부를 수 있어요.

연 습

1. 〈보기〉와 같이 대답하세요.

> **보기** 가 : 왜 학교에 학생이 없어요? (방학)
> 나 : 이번 주부터 방학이라서 학생이 별로 없어요.

1) 가 : 여기는 대학생들이 참 많네요. (대학교 근처)
   나 : ________________________________.

2) 가 : 밖이 왜 이렇게 시끄러워요? (쉬는 시간)
   나 : ________________________________.

3) 가 : 요즘 열심히 공부하네요. (시험 기간)
   나 : ________________________________.

4) 가 : 해외여행을 가는 사람들이 많아졌어요. (여름휴가 기간)
   나 : ________________________________.

5) 가 : 왜 꽃과 케이크를 샀어요?
   나 : ________________________________.

6) 가 : 왜 백화점에 사람이 많지요?
   나 : ________________________________.

종합연습

1. 〈보기〉와 같이 문장을 만드세요.

보기

기차를 타고 여행을 가 본 적이 있어요.

1) 

____

2) 

____

3) 

____

4) 

____

5) 

____

6) 

____

2. 친구와 함께 이야기해 보세요.

1) 재미있게 본 책이나 영화는 뭐예요?

2) 여러분 나라를 대표하는 가수나 영화배우는 누구예요?

3) 친구의 여자 친구(남자 친구)를 좋아해 본 적이 있어요?

4) 친구들을 만나면 보통 무엇에 대해서 이야기해요?

5) ____________에 대해서 생각해 본 적이 있어요?

3. 다음 문법을 이용해서 대화를 완성하세요.

V-(으)ㄴ 적이 있다/없다, A/V-기로 유명하다, A/V-(으)며, N-(이)라서

1) 가 : 여름 방학 때 중국 북경에 갔다 왔어요.
   나 : 그래요? 저는 아직 중국에 ______________________.
   북경은 어떤 곳이에요?
   가 : ______________________.

2) 가 : 상우 씨, 사람들이 여름에 여행을 많이 가는 것 같아요.
   나 : 네, 이번 주부터 __________ 여행을 많이 가요. 저도 이번 주말에는 부산에 가려고 해요. 피터 씨는 부산에 가 봤어요?
   가 : 아니요, ______________________.

3) 가 : 소피 씨 부모님은 어떤 분이세요?
   나 : 제 아버지는 ______________________.

4. 알맞은 단어를 골라 문장에 맞게 쓰세요.

올라가다 취소하다 다투다 대하다 대표하다

1) 가 : 부모님께 무슨 이야기를 했어요?
   나 : 요즘 제가 사귀고 있는 여자 친구에 (   ) 말씀 드렸어요.

2) 가 : 내일 비가 와도 축구를 할 거예요?
   나 : 비가 너무 많이 오면 (   ).

3) 가 : 근처에 가까운 지하철역이 어디에 있어요?
   나 : 이쪽으로 조금만 (   ) 지하철역이 나와요.

4) 가 : 소영 씨는 언니와 친구처럼 지내지요?
   나 : 네, 그렇지만 우리는 성격이 달라서 자주 (   ).

5) 가 : 한국을 (   ) 음식이 무엇인지 아세요?
   나 : 네, 비빔밥요. 비빔밥은 외국에서도 인기가 많은 음식이에요.

5. 잘 듣고 맞으면 ○, 틀리면 × 하세요.

1) 소피는 한국 영화를 본 적이 없습니다. ( )

2) 피터는 태권도를 배운 적은 있지만 잘 못합니다. ( )

3) 샤오밍은 제주도에 가 본 적이 있으며 한라산에도 가 봤습니다. ( )

4) 팀은 김치찌개를 먹어 본 적은 있지만 만들 줄 모릅니다. ( )

6. 여러분은 여행 가 본 적이 있어요? 여러분의 여행에 대해서 이야기 하고 쓰세요.

- 어디에 갔어요?
- 며칠 동안 있었어요?
- 언제 갔어요?
- 뭘 먹었어요?
- 누구와 같이 갔어요?
- 뭘 구경했어요?

읽기

♣ 다음 글을 잘 읽고 질문에 대답하십시오.

오늘은 여러분에게 제 고향 안동에 대해서 소개하겠습니다.

제 고향 안동은 한국의 전통 문화를 잘 알 수 있는 곳입니다. 안동에서 가장 유명한 곳은 '하회마을'입니다. 하회마을은 강 근처에 있어서 경치가 아주 아름다운 곳입니다. 그곳에 가면 옛날 집과 옛날 물건이 많아서 한국의 전통 생활을 알 수 있습니다. 그래서 많은 사람들이 하회마을을 구경하러 갑니다.

그리고 안동은 탈춤으로 유명합니다. 안동의 탈춤 이름은 '하회탈춤'인데 하회마을 사람들이 만들었기 때문입니다. 하회탈은 표정이 아주 다양하고 재미있습니다. 하회마을에는 탈 박물관이 있으며 주말에는 탈춤 공연을 볼 수 있습니다.

매년 가을에는 '안동국제탈춤축제'도 있습니다. 이때에는 일본, 중국, 몽골 등 세계 여러 나라의 유명한 탈과 탈춤을 구경할 수 있습니다. 축제 기간 동안 여러 가지 공연, 전통 결혼식 등 구경할 것이 많으며 탈춤을 직접 배우거나 탈을 만들 수 있는 기회도 있습니다. 그래서 많은 외국인들이 안동으로 갑니다.

한국 전통 문화에 대해서 알고 싶으면 안동 하회마을로 놀러 오십시오.

1. 위 글은 무엇에 대해서 말하고 있습니까?

2. 글의 내용과 다른 것을 고르십시오.
   ① 안동에는 한국의 전통 마을이 있습니다.
   ② 안동 하회마을은 탈춤으로 아주 유명합니다.
   ③ 매년 일본, 중국, 몽골에서 국제탈춤축제를 합니다.
   ④ 축제 때 탈춤을 배우거나 탈을 직접 만들어 볼 수 있습니다.

3. 여러분의 고향에 대해서 소개해 주세요.

하회마을	탈춤	하회탈춤	하회탈	표정	다양하다	탈
안동국제탈춤축제		몽골	축제	결혼식		

2 지하철을 타고 가다가 버스로 갈아타세요

I

마이클 상우 씨, 월드컵 경기장에 가려고 하는데 어떻게 가요? 지하철로 갈 수 있어요?

소 영 지하철을 타고 가다가 버스로 갈아타야 해요.

마이클 그래요? 좀 더 자세히 설명해 주세요.

소 영 알겠어요. 먼저 학교 앞에서 지하철 2호선을 타세요. 그리고 시청역에서 내려서 3번 출구로 나가세요.

마이클 잠깐만요. 2호선을 타고 가다가 시청역에서 내려서 3번 출구로 나가요. 맞아요?

소 영 네, 맞아요. 그리고 305번 버스를 타면 돼요.

마이클 어디에서 내려요?

상 우 시민공원 사거리를 지나면 월드컵 경기장이 보여요. 그러면 내려서 횡단보도를 건너세요. 월드컵 경기장에 가는 사람이 많으니까 쉽게 찾을 수 있을 거예요.

대답하세요

1. 월드컵 경기장은 어떻게 갑니까?
2. 어느 역에서 버스로 갈아타야 합니까?
3. 버스를 타고 가다가 어디에서 내려야 합니까?

단어와 표현

월드컵	경기장	갈아타다	출구
맞다	사거리	지나다	횡단보도
건너다	틀리다	곧장	신호등
육교	방향	길	

◉ N(으)로 갈아타다

- 공항에 가려고 하는데 몇 호선으로 갈아타야 해요?
- 시청으로 가시는 분은 이번 역에서 3호선으로 갈아타십시오.
- 이 버스는 시내에 안 가요. 내려서 580번 버스로 갈아타세요.
-

◉ 맞다, 틀리다

- 맞으면 ○, 틀리면 × 하십시오.
- 어제 써 준 게 김 선생님 전화번호가 맞아요?
- 이 문제는 너무 어려워서 틀린 사람이 아주 많습니다.
- 이건 샤오밍 씨의 지갑이 맞아요. 한 번 본 적이 있어요.
-

◉ N이/가 보이다

- 바다가 보이는 방이 더 비싸요.
- 곧장 걸어가면 은행이 보일 겁니다.
- 여기서는 칠판이 안 보이니까 앞에 가서 앉는 게 어때요?
-

◉ N을/를 건너다

- 신호등을 보고 천천히 횡단보도를 건너세요.
- 육교를 건너서 왼쪽으로 가면 서점이 보일 겁니다.
- 이쪽은 시내로 가는 방향이 아니니까 길을 건너서 택시를 타세요.
-

문법 1 V-다가

- 집에 오다가 친구를 만났어요.
- 조금만 놀다가 공부할 거예요.
- 곧장 가다가 횡단보도를 건너세요.

연 습

1. 〈보기〉와 같이 쓰세요.

> 보기 학교에 가다, 선생님을 만나다
> → 학교에 가다가 선생님을 만났어요.

1) 밥을 먹다, 전화를 받다

→ ______________________________.

2) 텔레비전을 보다, 잠을 자다

→ ______________________________.

3) 영어를 공부하다, 중국어를 공부하다

→ ______________________________.

4) 곧장 가다, 사거리에서 오른쪽으로 가다

→ ______________________________.

5) 2호선을 타고 가다, 3호선으로 갈아타다

→ ______________________________.

6) 시험을 보다, (   )

→ ______________________________.

문법 2 V-(으)면 되다

- 미술관에 가려면 길을 건너서 260번 버스를 타면 돼요.
- 일찍 가면 기다려야 하니까 30분 후에 출발하면 됩니다.
- 몇 시까지 갈까요?
  - 영화가 3시에 시작하니까 2시 50분까지 도착하면 돼요.

연 습

1. 〈보기〉와 같이 쓰세요.

> **보기** 가 : 시청에 가려고 하는데 어떻게 가요? (육교를 건너서 왼쪽으로 가다)
> 나 : 육교를 건너서 왼쪽으로 가면 돼요.

1) 가 : 박물관에 가려고 하는데 어디에서 내리지요? (다음 역에서 내리다)
나 : ______________________________.

2) 가: 영화표를 예매하고 싶은데 영화관에 가야 해요? (인터넷으로 예매하다)
나 : ______________________________.

3) 가 : 기차가 출발했어요. 어떻게 해요? (다음 기차를 타다)
나 : ______________________________.

4) 가 : 기타를 배우고 싶은데 어떻게 하면 돼요? (동호회에 가입하다)
나 : ______________________________.

5) 가 : 춘천 날씨를 알고 싶은데 어떻게 하면 돼요? (131에 전화하다)
나 : ______________________________.

6) 가 : 문화극장 전화번호를 알고 싶은데 어떻게 하면 돼요?
나 : ______________________________.

II

소 영 마이클 씨, 월드컵 경기장에 잘 갔다 왔어요? 축구 경기는 재미있었어요?

마이클 네, 그런데 집에 오다가 지하철에서 카메라를 잃어버렸어요. 이번이 두 번째예요. 작년에 산 카메라도 택시에 놓고 내려서 잃어버렸는데…….

소 영 그래요?

마이클 카메라를 찾으려면 어떻게 해야 해요?

소 영 지하철 분실물 센터에 가 보세요.

마이클 거기에 가면 내 카메라가 있을까요?

소 영 운이 좋으면 찾을 수 있을 거예요. 내 친구도 지하철에서 가방을 잃어버렸는데 분실물 센터에서 찾았어요.

마이클 분실물 센터가 어디에 있어요?

소 영 중앙역에 있어요. 혼자 가지 말고 나하고 같이 가요.

마이클 고마워요, 소영 씨.

대답하세요

1. 마이클은 어디에서 카메라를 잃어버렸습니까?
2. 분실물 센터에 가려면 어느 역에서 내려야 합니까?
3. 누가 분실물 센터에 갑니까?

단어와 표현

번째	놓다	분실물	센터
운	열쇠	숟가락	식탁
합격하다			

◉ 번째

- 오른쪽에서 세 번째가 투이 씨예요.
- 이 박물관은 매월 첫 번째 월요일에 쉽니다.
- 야구 구경하러 가는 게 처음이에요?
  - 아니요, 이번이 두 번째예요.
-

◉ 놓다

- 열쇠를 책상 위에 놓고 왔어요.
- 이 위에 무거운 것을 놓지 마세요.
- 뭘 도와 드릴까요?
  - 숟가락과 젓가락을 식탁 위에 놓아 주세요.
-

◉ 운이 좋다(↔나쁘다)

- 운이 좋으면 싼 비행기표를 구할 수 있을 거예요.
- 지갑을 잃어버렸어요. 오늘은 운이 나쁜 것 같아요.
- 그렇게 어려운 시험에 어떻게 합격했어요?
  - 운이 좋았어요.
-

문법 1 V-(으)려면

- 편지를 보내려면 주소를 알아야 해요.
- 한국말을 잘하려면 어떻게 해야 해요?
- 김 선생님을 만나려면 내일 다시 오세요.

연 습

1. 〈보기〉와 같이 대답하세요.

보기 가 : 2시 기차를 타려고 해요. 언제 출발해야 해요?
나 : 2시 기차를 타려면 지금 출발해야 해요.

1) 가 : 학생증을 만들려고 해요. 무엇을 준비해야 해요?
나 : ______________________________.

2) 가 : 싸고 좋은 물건을 사고 싶어요. 어디에 가면 돼요?
나 : ______________________________.

3) 가 : 미술관에 가려고 해요. 어디에서 내려야 해요?
나 : ______________________________.

4) 가 : 여자 구두를 사고 싶어요. 몇 층에 가야 해요?
나 : ______________________________.

5) 가 : 한국의 옛날 물건들을 보고 싶어요. 어디에 가야 해요?
나 : ______________________________.

6) 가 : 한국의 역사에 대해서 공부하고 싶어요. 어떻게 해야 해요?
나 : ______________________________.

문법 2 V-지 말고

- 오른쪽으로 가지 말고 왼쪽으로 가세요.
- 답은 연필로 쓰지 말고 볼펜으로 쓰십시오.
- 공연 티켓을 예매하려면 극장에 가야 돼요?
  - 아니요, 극장에 가지 말고 인터넷으로 예매 하세요.

연 습

1. 〈보기〉와 같이 대답하세요.

> 보기
> 가 : 3시까지 가면 돼요?
> 나 : 아니요, 3시까지 가지 말고 2시까지 가세요.

1) 가 : 여기에서 담배 피워도 돼요?
   나 : 아니요, ______________________________.

2) 가 : 새마을호를 타고 갈까요?
   나 : 아니요, ______________________________.

3) 가 : 겨울 방학에 제주도에 갈까요?
   나 : 아니요, ______________________________.

4) 가 : 이번 역에서 갈아타면 돼요?
   나 : 아니요, ______________________________.

5) 가 : 지금 라면을 넣으면 돼요?
   나 : 아니요, ______________________________.

6) 가 : 공항에 있는 은행에서 환전할까요?
   나 : 아니요, ______________________________.

종합연습

1. 〈보기〉와 같이 문장을 만드세요.

보기

수업을 듣다가 질문을 했어요.

1)

2)

3)

4)

5)

2. 알맞은 단어를 골라 문장에 맞게 쓰세요.

갈아타다　　놓다　　운이 좋다　　보이다　　내리다

1) 가 : 어떤 집에서 살고 싶어요?

나 : 창밖으로 바다가 ______________ 집에서 살고 싶어요.

2) 가 : 추석인데 아직 기차표가 있을까요?

나 : ______________ 살 수 있을 거예요.

3) 가 : 이 지하철이 월드컵 경기장에 가요?

나 : 아니요, 다음 역에 ______________ 5호선으로 ______________.

4) 가 : 가방이 무거운 것 같은데 여기에 ______________.

나 : 괜찮아요. 별로 무겁지 않아요.

3. 어떻게 가는지 써 보세요.

어디에 가요?	무엇을 타요?	어디에서 내려요?	어디에 있어요?
시청	2호선	시청역	3번 출구
한국은행	580번 버스	백화점 앞	횡단보도
시민공원	4호선	세 번째 역	2번 출구
경찰서	108번 버스	중앙공원	우체국 옆

보기 가 : 시청에 가려고 하는데 어떻게 가요?
나 : 시청에 가려면 2호선을 타고 가다가 시청역에 내리세요. 3번 출구로 나가면 시청이 보여요.

1) 가 : 한국은행에 가려고 하는데 어떻게 가요?

나 : ______________________________.

2) 가 : 시민공원에 가려고 하는데 어떻게 가요?

나 : ______________________________.

3) 가 : 경찰서에 가려고 하는데 어떻게 가요?

나 : ______________________________.

4. 친구와 함께 이야기해 보세요.

1) 한국말을 잘하려면 어떻게 하면 돼요?

2) 건강해지려면 어떻게 하면 돼요?

3) 감기에 걸리지 않으려면 어떻게 하면 돼요?

4) 졸업 후에 무엇을 하고 싶어요? 그 일을 하려면 어떻게 하면 돼요?

5. 잘 듣고 내려야 할 곳을 찾으세요.

1) (   )

2) (   )

3) (   )

읽기

♣ 다음 글을 잘 읽고 질문에 대답하십시오.

뮤지컬 명성황후

세계인이 사랑하는 한국의 뮤지컬, 명성황후!
조선의 마지막 황후의 슬픈 이야기가 여러분을 찾아갑니다.
이번 기회를 놓치지 마세요.

◉ 일시 : 1월 19일 ~ 1월 20일 (오후 3시, 7시)

◉ 장소 : 오페라극장
(버스:364번, 지하철:1호선 중앙역 2번 출구, 한국빌딩 건너편)

◉ 예매 : www.yeme.com

1. 지하철 1호선을 타고 오페라 극장에 가려고 합니다. 어떻게 가면 됩니까?

2. 버스를 타고 오페라 극장에 가려고 합니다. 어떻게 가면 됩니까? 순서를 쓰십시오.

(㉰) → ( ) → ( ) → ( )

㉮ 육교를 건넙니다.
㉯ 횡단보도를 건넙니다.
㉰ 버스정류장에 내립니다.
㉱ 시민서점 옆에 있습니다.

조선	황후	찾아가다	놓치다	빌딩	건너편

3 열이 나고 기침도 심해요

I

의 사 어떻게 오셨습니까?

샤오밍 열이 많이 나고 기침도 심해요. 목도 많이 아파요.

의 사 언제부터 아팠어요?

샤오밍 어제부터요.

의 사 그래요? 어디 좀 봅시다. '아' 해 보세요.

샤오밍 아.

의 사 목이 많이 부었네요. 아프겠어요. 다른 증상은 없어요?

샤오밍 콧물도 많이 나고 두통도 심해요.

의 사 감기가 심하네요. 주사를 맞고 처방전을 받아서 가세요.

샤오밍 네, 알겠습니다.

의 사 따뜻한 물을 많이 드시고 푹 쉬세요. 그리고 약을 다 드신 후에도 계속 아프면 병원에 한 번 더 오도록 하세요.

대답하세요

1. 샤오밍의 증상은 어떻습니까?
2. 계속 아프면 어떻게 해야 합니까?

단어와 표현

심하다	붓다	증상	두통
주사	맞다	처방전	푹
계속	다치다	싫다	낫다
벗다			

◉ 심하다

- 기침이 심해서 말을 하기도 힘들어요.
- 축구를 하다가 다리를 심하게 다쳤다.
- 바람이 심하게 부니까 창문 좀 닫아 주세요.
-

◉ 푹

- 감기에 걸리면 집에서 푹 쉬어야 해요.
- 저는 잠을 푹 자지 못하면 아침에 너무 피곤해요.
-

◉ 계속

- 머리가 계속 아프면 이 약을 드세요.
- 아사코 씨가 지난주부터 계속 학교에 안 와요.
- 주말인데 밖에 나가기 싫어서 방에서 계속 잠만 잤어요.
-

조금 더 공부해요

※ 감기 증상

기침을 하다

목이 붓다

콧물이 나다

열이 나다

문법 1 'ㅅ' 불규칙

- 감기가 다 나으면 학교에 갈 거예요.
- 슬픈 영화를 보다가 많이 울어서 눈이 부었어요.
- 철수가 재미있는 이야기를 해서 사람들이 모두 웃었어요.

	-아요/어요	-(으)면	-ㅂ/습니다
붓다	부어요	부으면	붓습니다
낫다	나아요	나으면	낫습니다
※벗다	벗어요	벗으면	벗습니다

연 습

1. 다음에서 알맞은 단어를 찾아서 쓰세요.

벗다　　낫다　　웃다　　붓다　　씻다

1) 가 : 학교 근처에 병원이 있어요?
   나 : 병원은 왜요?
   가 : 어제 농구를 하다가 다쳤는데 발이 좀 ________아/어서요.

2) 가 : 투이 씨, 감기는 좀 어때요?
   나 : 약을 먹었지만 아직 열이 나고 기침을 해요.
   가 : 그럼 병원에 가 보세요. 주사를 맞으면 빨리 ________(으)ㄹ 거예요.

3) 가 : 여권 사진을 좀 찍어 주세요.
   나 : 안경하고 모자를 ________(으)세요. 그리고 저 의자에 앉으세요.

4) 가 : 엄마, 이 사과 지금 먹어도 돼요?
   나 : 안 돼. ________아/어서 먹어야 하니까 좀 기다려.

5) 가 : 어떤 사람을 좋아해요?
   나 : 성격이 좋고 ________(으)ㄴ/는 얼굴이 예쁜 사람을 좋아해요.

문법 2 V-도록 하다

- 내일부터 학교에 늦지 않도록 하세요.
- 집에 돌아오면 손을 꼭 씻도록 하세요.
- 다음 월요일까지 이 책을 다 읽도록 하세요.

연 습

1. 〈보기〉와 같이 쓰세요.

> 보기 가 : 몇 시까지 학교에 오면 돼요? (오전 9시까지 오다)
> 나 : 오전 9시까지 오도록 하세요.

1) 가 : 어디에서 담배를 피우면 돼요? (건물 밖에서 피우다)
   나 : ______________________________.

2) 가 : 언제 라면을 넣을까요? (물이 끓다)
   나 : ______________________________.

3) 가 : 공항에 가려면 어떻게 해야 합니까? (지하철 3호선을 타다)
   나 : ______________________________.

4) 가 : 필요 없는 물건은 어떻게 할까요? (쓰레기통에 버리다)
   나 : ______________________________.

5) 가 : 주말이라서 영화관에 사람이 많을 것 같아요. (표를 예매하다)
   나 : ______________________________.

6) 가 : 도서관에서 책을 빌리려면 어떻게 해야 합니까? (학생증을 만들다)
   나 : ______________________________.

II

의사 어떻게 오셨습니까?

투이 어제 등산을 갔는데 산에서 내려오다가 발목을 다쳤어요.

의사 어디 좀 볼까요? 발목이 많이 부었네요. 많이 아파요?

투이 네, 움직이지 않으면 괜찮은데 걸으면 아파요.

의사 엑스레이부터 찍어 봅시다. 간호사를 따라가서 엑스레이를 찍으세요.

* *

의사 뼈는 괜찮네요. 심한 운동을 하지 말고 조심해서 걸으세요.
오늘 발목에 붕대를 감아 줄게요.

투이 언제부터 운동을 할 수 있을까요?

의사 이 주 정도 지나면 다 나을 거예요. 연고를 줄 테니까 하루에 두 번씩 바르세요.

투이 네, 감사합니다.

대답하세요

1. 투이는 왜 병원에 왔습니까?
2. 발목이 다 나으려면 얼마나 걸립니까?

단어와 표현

발목	움직이다	엑스레이	따라가다
뼈	붕대	감다	정도
지나다	연고	씩	바르다
따라오다	단어	외우다	

◉ 따라가다 / 따라오다

- 간호사를 따라가서 주사를 맞으세요.
- 어젯밤에 집에 가는데 강아지가 저를 계속 따라왔어요.
- 도서관이 어디에 있는지 아세요?
  – 네, 제가 지금 도서관에 가니까 저를 따라오세요.
-

◉ N 정도

- 단어를 매일 10개 정도 외우세요.
- 기숙사에 외국인 학생이 100명 정도 있습니다.
- 이번 방학에 2주 정도 영국으로 여행을 가려고 해.
-

◉ 지나다

- 시험 기간이 지나면 도서관이 좀 조용해질 거예요.
- 점심을 먹은 지 한 시간밖에 안 지났는데 배가 고파요.
- 어제 어디에서 잤어?
  – 기숙사에 들어가야 하는 시간이 지나서 친구 집에서 잤어.
-

문법 1 A/V-(으)ㄹ 테니까

- 나는 청소를 할 테니까 너는 빨래를 해.
- 날씨가 추울 테니까 옷을 많이 입으세요.
- 샤오밍 씨가 오늘도 학교에 안 왔어요.
  - 내가 오후에 전화해 볼 테니까 걱정하지 마세요.

연 습

1. 〈보기〉와 같이 쓰세요.

> 보기 가 : 버스를 타고 갈까요? (버스는 복잡하다)
> 나 : 버스는 복잡할 테니까 지하철을 탑시다.

1) 가 : 옷을 사고 싶은데 백화점에 갈까요? (백화점은 비싸다)
   나 : ____________________ 시장에서 삽시다.

2) 가 : 내일 같이 등산을 갈래요? (내일은 춥다)
   나 : ____________________ 다음 주에 갑시다.

3) 가 : 이 영화를 볼까요? (이 영화는 재미없다)
   나 : ____________________ 다른 영화를 봅시다.

4) 가 : 목이 많이 부어서 말을 할 수 없어요. (약을 드리다)
   나 : ____________________ 이틀 정도 드셔 보세요.

5) 가 : 친구들을 초대했는데 요리를 잘 못해서 걱정이에요. (내가 도와주다)
   나 : ____________________ 걱정하지 마세요.

6) 가 : 문화은행에 가려면 어디로 가야 해요? (제가 가르쳐 드리다)
   나 : ____________________ 저를 따라오세요.

문법 2 N-씩

- 기숙사 방은 두 명씩 사용해요.
- 하루에 물을 열 잔씩 마시면 건강에 좋습니다.
- 이 약은 어떻게 먹어요?
  - 식사 후에 하나씩 드세요.

연 습

1. 〈보기〉와 같이 빈 칸에 알맞은 말을 쓰세요.

> **보기** 가 : 508번 버스는 7분에 한 대씩 와야 하는데 왜 이렇게 안 오지요?
> 나 : 더 기다리면 회사에 늦을 것 같으니까 택시를 탑시다.

1) 가 : 왕단 씨, 요즘 고향에 계신 부모님과 자주 통화해요?
   나 : 아니요, 요즘은 바빠서 한 달에 ________밖에 통화를 못해요.

2) 가 : 기숙사가 아주 깨끗하고 좋네요. 방 하나에 몇 명이 사용할 수 있어요?
   나 : 1층은 한 방에 세 명, 2층은 ________ 사용할 수 있어요.

3) 가 : 아주머니는 항상 우유를 많이 사시네요.
   나 : 네, 아이들이 하루에 ________ 우유를 마셔서 많이 사야 해요.

4) 가 : 영화 표가 20장이 있는데 우리 반 학생들에게 주려고 가지고 왔어요.
   나 : 그래요? 우리 반 학생이 모두 8명이니까 한 사람에게 ________ 주면 되겠어요. 4장은 투이 씨가 다른 친구들에게 주세요.

5) 가 : 몸이 많이 건강해진 것 같아요.
   나 : 네, 몸이 안 좋아서 운동을 열심히 했어요. 하루에 ________ 달리고 수영장에도 다녔어요.

종합연습

1. 그림을 보고 〈보기〉와 같이 문장을 만드세요.

보기 청소는 제가 할 테니까 요리는 소영 씨가 하세요.

1) ______________________________.

2) ______________________________.

3) ______________________________.

4) ______________________________.

2. 이야기해 보세요.

보기

다음 달부터 혼자 살아야 하는데 요리를 잘 못해서 걱정이에요. 어떻게 하면 좋을까요?

요리를 잘하고 싶으면 요리학원에 다니도록 하세요. 그러면 요리를 잘할 수 있을 거예요.

1)

지난주에 친구와 싸웠어요. 그래서 그 친구와 일주일동안 말을 안 했어요. 어떻게 하면 좋을까요?

2)

저는 회사 일이 끝나고 집에 오면 텔레비전부터 켜요. 그리고 자기 전까지 계속 텔레비전을 봐요. 텔레비전을 안 보고 싶은데 잘 안 돼요. 어떻게 하면 좋을까요?

3)

3. 여러분은 어떻게 합니까? 〈보기〉와 같이 써 보세요.

보기 하루에 삼십 분씩 운동을 합니다.

_____ 에 _____ 씩 돈을 씁니다.
_____ 에 _____ 씩 빨래를 합니다.
_____ 에 _____ 씩 샤워를 합니다.
_____ 에 _____ 씩 컴퓨터 게임을 합니다.
_____ 에 _____ 씩 _____

4. 알맞은 단어를 골라 문장에 맞게 쓰세요.

붓다	감다	바르다	나다	낫다	맞다

1) 가 : 투이 씨, 손에 왜 붕대를 ____________ 있어요?
   나 : 어제 요리를 하다가 조금 다쳤어요.

2) 가 : 오늘 수업 후에 상우 씨하고 노래방에 갈 거예요. 제니퍼 씨도 같이 갈래요?
   나 : 미안해요. 감기 때문에 목이 ____________ 노래를 부를 수 없어요.

3) 가 : 감기가 빨리 ____________ 않아서 걱정이야.
   나 : 주사를 ____________. 그럼 좋아질 거야.

4) 가 : 이 연고는 어떻게 사용해요?
   나 : 하루에 두 번씩 다친 곳에 ____________.

5) 가 : 어제부터 기침을 하고 콧물도 많이 ____________.
   나 : 그래요? 약을 드릴 테니까 자기 전에 드세요.

5. 잘 듣고 물음에 답하세요.

1) 맞으면 ○, 틀리면 × 하세요.
   ① 남자는 허리가 아파서 병원에 왔습니다. (　　)
   ② 남자는 이 병원에 와 본 적이 있습니다. (　　)

2) 맞으면 ○, 틀리면 × 하세요.
   ① 여자는 배가 아파서 병원에 왔습니다. (　　)
   ② 여자는 오늘 저녁을 먹으면 안 됩니다. (　　)

읽기

♣ 다음 글을 잘 읽고 질문에 대답하십시오.

안녕하십니까? 제 이름은 소피입니다. 저는 오늘 운동과 음식으로 병을 치료하신 제 어머니에 대해서 이야기하겠습니다.

제 어머니는 당뇨병 환자였습니다. 처음에는 당뇨병이 심하지 않았습니다. 그렇지만 어머니가 너무 바쁘셔서 패스트푸드를 자주 드시고 운동도 하지 못하셨습니다. 그래서 제 어머니의 병은 더 심해졌습니다. 당뇨병이 심해져서 감기에 걸리면 잘 낫지 않았고 자주 편찮으셨습니다. 한 달 동안 병원에 입원하신 적도 있습니다.

그 후부터 어머니는 건강해지려고 열심히 운동을 하셨습니다. 어머니는 매일 아침마다 2시간씩 등산을 하셨습니다. 그리고 토마토, 오이, 사과 등 채소와 과일을 많이 드셨고 항상 좋은 생각만 하려고 노력하셨습니다.

요즘 제 어머니는 아주 건강하십니다. 우리 가족은 주말에 어머니와 같이 등산을 합니다. 등산을 하면서 가족들이 함께 보내는 시간이 많아져서 우리 가족은 더 행복해졌습니다.

제 어머니처럼 당뇨병 때문에 몸이 아픈 분들이 계신가요? 제가 당뇨병에 좋은 음식과 운동을 가르쳐 드릴 테니까 저에게 이메일을 보내 주세요. 제 이메일 주소는 sopy@kmu.ac.kr입니다.

1. 글의 내용과 다른 것을 고르십시오.
   ① 소피는 당뇨병을 고칠 수 있습니다.
   ② 소피의 어머니는 당뇨병에 걸렸습니다.
   ③ 소피의 어머니는 매일 등산을 하셨습니다.
   ④ 채소와 과일은 당뇨병에 좋은 음식입니다.

2. 건강해지고 싶으면 어떻게 하면 좋겠습니까?

치료하다	당뇨병	환자	패스트푸드	편찮다	입원하다
오이	채소	노력하다	주소		

4 방을 구해 본 적이 있는데요

I

소피 피터 씨, 방 구해 본 적 있어요?

피터 네, 작년에 친구와 같이 구해 본 적이 있는데요.

소피 그럼 좀 도와주세요. 지금 방을 보러 가는데 같이 갈 수 있어요?

피터 네, 같이 가요. 그런데 왜 이사를 하려고 해요?

소피 교통이 불편해서 학교 다니기가 힘들어요. 그래서 학교 근처로 옮기려고 해요.

피터 학교 근처에는 원룸이 많으니까 구하기 쉬울 거예요.

소피 정문 건너편에 있는 원룸은 방 값이 비쌀까요?

피터 글쎄요. 지금 사는 집보다는 조금 비싸겠지만 학교 다니기는 훨씬 더 편할 거예요.

소피 너무 비싸면 어떡하죠?

피터 잘 찾아보면 싸고 마음에 드는 방이 있을 테니까 너무 걱정하지 마세요.

대답하세요

1. 소피는 무엇을 하려고 합니까?
2. 소피는 왜 이사를 하려고 합니까?
3. 왜 학교 근처에서 방을 구하기가 쉽습니까?

단어와 표현

구하다	옮기다	원룸	정문
훨씬	어떡하다	찾아보다	결혼

◉ N(으)로 옮기다

- 결혼을 하고 직장을 서울로 옮겼어요.
- 가게를 지하철역 근처로 옮기면 사람들이 많이 올까요?
- 책상을 이쪽에 놓으면 방이 더 넓어 보일 테니까 빨리 옮깁시다.
-

◉ 훨씬

- 구두를 신다가 운동화를 신으니까 발이 훨씬 편하네요.
- 어제 본 시험이 어땠어?
  - 지난번보다 훨씬 어려웠어.
- 날씨가 갑자기 추워졌어요.
  - 그렇죠? 어제보다 훨씬 추운 것 같아요.
-

◉ A/V-(으)면 어떡하죠?

- 이번 시험에도 합격하지 못하면 어떡하죠?
- 손님이 많이 와서 음식이 모자라면 어떡하죠?
- 약을 먹었는데 기침이 낫지 않으면 어떡하죠?
  - 그럼 주사를 맞도록 하세요.
-

문법 1 A/V-(으)ㄴ/는데(요)

- 어제 산 바지가 너무 큰데요. 바꿀 수 있을까요?
- 거기 피터 씨 집이지요?
  - 네, 맞는데요. 실례지만 누구세요?
- 소피가 계속 전화를 안 받는데 무슨 일이지?
  - 소피는 지난 주말에 고향으로 돌아갔는데.

연 습

1. 〈보기〉와 같이 쓰세요.

> **보기** 가 : 오늘 상우 씨 봤어요?
> 나 : 아니요, 아까 전화는 했지만 보지는 못했는데요.

1) 가 : 태권도를 배운 적이 있어요?
   나 : 아니요, 태권도 하는 것은 봤지만 ______________________.

2) 가 : 제니퍼 씨를 만난 적이 있어요?
   나 : 아니요, 이름은 들어 봤지만 ______________________.

3) 가 : 한라산에 가 봤어?
   나 : 아니, 사진은 봤지만 ______________________.

4) 가 : 김치를 담글 줄 알아요?
   나 : 김치를 먹는 것은 좋아하지만 ______________________.

5) 가 : 스키 타 봤니?
   나 : 아니, 스케이트는 타 봤지만 ______________________.

6) 가 : 맥주 한잔할래요?
   나 : 아니요, 저는 ______________________.

문법 2 V-기(가) A

- 길이 넓어져서 운전하기가 편해요.
- 이 신발은 신고 벗기 편해서 아이들이 좋아해요.
- 김치찌개가 너무 뜨거워서 먹기 힘들 테니까 천천히 드세요.

연 습

1. 〈보기〉와 같이 쓰세요.

> 보기
> 가 : 이 책 어때요? (그림이 많다 / 이해하다, 쉽다)
> 나 : 그림이 많아서 이해하기 쉬워요.

1) 가 : 그 노트북이 어때요? (작다 / 들고 다니다, 편하다)

   나 : ________________________________.

2) 가 : 시골에서 사니까 어때요? (자연 환경이 깨끗하다 / 살다, 좋다)

   나 : ________________________________.

3) 가 : 잠깐 통화할 수 있어요? (회의 중이다 / 전화하다, 불편하다)

   나 : ________________________________.

4) 가 : 저 뮤지컬을 보는 것이 어때요? (인기가 많다 / 표를 구하다, 어렵다)

   나 : ________________________________.

5) 가 : 잠을 못 잤어요? (감기에 걸리다 / 푹 자다, 힘들다)

   나 : ________________________________.

6) 가 : 지금 가지고 있는 휴대전화가 어때요?

   나 : ________________________________.

II

아주머니	이 방이에요. 가구가 있어서 좁아 보이지만 넓은 방이에요. 천천히 보세요.
소　피	방이 깨끗하네요. 월세는 얼마예요?
아주머니	한 달에 30만 원이에요. 보증금은 2백만 원이에요.
소　피	관리비는요?
아주머니	한 달에 3만 원인데요. 수도 요금은 관리비에 포함되고 전기 요금은 따로 내야 해요. 참, 가스 요금도 포함되지 않아요.
소　피	다음 주말에 이사 올 수 있어요?
아주머니	네, 이번 주말에 방이 비니까 이사 와도 돼요.
피　터	소피 씨, 어때요? 괜찮지요?
소　피	그런데 좀 비싸지 않아요?
아주머니	이 근처 방 값은 다 비슷할 거예요.
소　피	그럼, 학교에서 가까우니까 이 방으로 정할까요?

대답하세요

1. 전기요금은 관리비에 포함됩니까?
2. 소피는 언제쯤 이사하려고 합니까?

단어와 표현

가구	월세	보증금	관리비
수도	요금	포함되다	전기
따로	가스	비다	정하다
시디			

◉ 포함되다

- 책값에 듣기 시디도 포함됩니다.
- 이번 시험에 쓰기는 포함되지만 말하기는 포함되지 않아요.
- 식사에 커피도 포함돼요?
  – 아니요, 포함되지 않아요.
-

◉ 따로

- 비빔밥 한 그릇 주세요. 고추장은 따로 주세요.
- 고등학교를 졸업한 후부터 부모님과 따로 살고 있다.
- 이 노트북을 사면 노트북 가방도 함께 줍니까?
  – 아니요, 가방은 따로 사셔야 합니다.
-

◉ 비다

- 여기 빈 방 있어요?
- 돈을 다 써서 지갑이 비었어요.
- 시험 기간이라서 도서관에 일찍 가지 않으면 빈 자리가 없을 거예요.
-

◉ 정하다

- 회의 시간은 몇 시로 정할까요?
- 둘 중에서 마음에 드는 것으로 정하도록 하세요.
- 약속 장소를 시내로 정하면 사람들이 많이 올 거예요.
-

문법 1 A-아/어 보이다

- 오늘 에릭 씨가 슬퍼 보여요.
- 샤오밍 씨가 신은 신발이 참 편해 보여요.
- 새 선생님이 어때?
  - 무서워 보였어.

연습

1. 〈보기〉와 같이 쓰세요.

보기

더워 보여요.

1) 

수학 문제가 ______________________.

2) 

옷이 ______________________.

3) 

음식이 ______________________.

4) 

친구가 기분이 ______________________.

5) 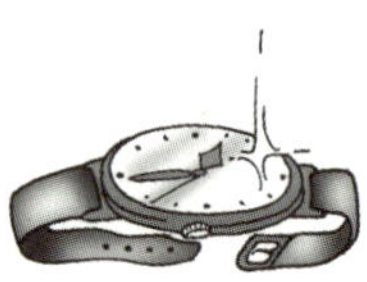

시계가 ______________________.

문법 2 A-지 않아요?

- 오늘 배운 문법이 어때요? 어렵지 않아요?
- 그 식당 냉면이 정말 맛있지 않아? 오늘도 먹으러 갈까?
- 이 모자를 백화점에서 만 원에 샀는데 정말 싸지 않아요?

연 습

1. 〈보기〉와 같이 대답하세요.

보기 가 : 새 치마예요? (예쁘다)
나 : 네, 어제 샀어요. 예쁘지 않아요?

1) 가 : 뭐 했어요? (깨끗하다)
나 : 청소했어요. ____________________?

2) 가 : 이 사진에 있는 사람이 누구예요? (멋있다)
나 : 제가 좋아하는 영화배우예요. 어때요? ____________________?

3) 가 : 내가 만든 삼계탕인데 맛이 어때요? (싱겁다)
나 : 맛있는데 조금 ____________________?

4) 가 : 투이야, 오늘도 늦었네.
매일 약속 시간을 안 지키면 친구들에게 ____________________?
나 : 정말 미안해. 다음에는 반드시 시간을 지킬게.

5) 가 : 제니퍼 씨는 정말 ____________________?
나 : 네, 참 착해요. 항상 다른 사람을 잘 도와줘요.

6) 가 : 이 치마 어때요?
나 : 예뻐요. 그런데 너무 ____________________?

종합연습

1. '-아/어 보이다'를 사용해서 <보기>와 같이 대화를 완성하세요.

> **보기** 가 : 아파 보여요.
> 나 : 감기에 걸려서 병원에 다녀왔어요. 지금은 괜찮아요.

1) 가 : ________________________.

나 : 높은 구두를 신었어요.

2) 가 : ________________________.

나 : 시험이 있어서 어제 잠을 못 잤어요.

3) 가 : ________________________.

나 : 네, 남자친구한테 프러포즈를 받았어요.

4) 가 : ________________________.

나 : 네, 일 때문에 바빠서 밥도 못 먹었어요.

5) 가 : ________________________.

나 : 아니에요. 가방이 크지만 무겁지 않아요.

6) 가 : ________________________.

나 : 아니에요. 직접 먹어 보면 별로 맵지 않아요.

7) 가 : ________________________.

나 : 아니에요. 이 책상을 저쪽으로 옮기면 방이 좁지 않을 거예요.

8) 가 : ________________________.

나 : 그래요? 어제 머리 모양을 바꿨어요.

2. 알맞은 것을 골라 문장에 맞게 쓰세요.

N(으)로 옮기다	A/V-(으)면 어떡하죠?
N에 포함되다	N(으)로 정하다

1) 가 : 방학 후에도 계속 같은 교실에서 수업해요?
   나 : 아니요, 방학이 끝나면 훨씬 큰 교실 ______________________.

2) 가 : 9시 기차를 ______________________?
   나 : 걱정하지 마세요. 지금 출발하면 탈 수 있을 거예요.

3) 가 : 남이섬도 이번 관광 장소 ______________________?
   나 : 물론 포함돼요. 내일 남이섬을 관광할 거예요.

4) 가 : 어머니 생신 선물을 무엇 ______________________?
   나 : 분홍색 블라우스 ______________________.

3. 어떻게 하면 좋을까요? 친구와 같이 이야기해 보세요.

1) 저는 키가 크지만 다리가 짧아서 키가 작아 보여요. 어떻게 하면 다리가 길어 보일까요?

2) 저는 얼굴이 커서 어울리는 머리 모양을 찾기가 어려워요. 어떻게 하면 얼굴이 작아 보일까요?

3) 저는 여자들에게 인기가 없어요. 여자들에게 멋있어 보이고 싶은데 어떻게 하면 될까요?

4) 처음 만난 사람들이 제가 좀 무서워 보인다고 해요. 어떻게 하면 안 무서워 보일까요?

4. 잘 듣고 맞으면 O, 틀리면 × 하세요.

1) 방이 넓어서 두 사람이 쓰기 좋다. (　　　)

2) 월세는 비싸지만 방이 마음에 들었다. (　　　)

3) 남자는 2시에 방을 보러 가기로 했다. (　　　)

5. '훨씬'을 사용해서 〈보기〉와 같이 문장을 만드세요.

보기

수박이 사과보다 훨씬 더 큽니다.

1)

______________________________.

2)

______________________________.

3)

______________________________.

4)

______________________________.

5)

나는 (　　　　　)보다 훨씬 ____________.

(　　　　　)는 나보다 훨씬 ____________.

읽기

♣ 다음 글을 잘 읽고 질문에 대답하십시오.

왕방에게

잘 있었니? 나 이번 달에 이사했어. 지난달까지 기숙사에서 살다가 학교 앞으로 집을 옮겼어. 자취를 하니까 정말 좋은 것 같아. 내가 하고 싶은 것을 모두 할 수 있으니까 아주 편해. 듣고 싶은 음악도 크게 들을 수 있고 밤늦게까지 TV를 볼 수도 있어. 너도 아는 것처럼 내 취미가 요리하기인데 기숙사에서는 요리를 할 수 없어서 정말 불편했어. 그런데 여기서는 내가 직접 먹고 싶은 요리를 만들 수 있어서 아주 행복해.

그런데 혼자 자취하면 안 좋은 점도 있는 것 같아. 기숙사에서는 친구와 함께 방을 썼는데 지금은 혼자 쓰니까 조금 외로워. 그리고 밤에는 가끔 무서워. 어제는 요즘 유행하는 공포 영화를 봤는데 너무 무서워서 잠도 못 잤어. 그리고 자취하면 돈이 많이 필요한 것 같아. 월세, 관리비, 생활비, 식비 등 돈이 많이 드는데 부모님께 받는 돈으로는 좀 모자라. 그래서 아르바이트를 구해 보려고 해. 그리고 다음 학기에는 함께 살 룸메이트를 구할 거야.

왕방! 네가 한국에 유학 오면 너하고 함께 살고 싶어. 기억해? 우리 고등학교 때 기숙사에서 같이 살 때 아주 즐거웠지? 네가 빨리 한국에 오면 좋겠다.

그럼 잘 지내.

한국에서 장유가

1. 장유는 자취를 합니다. 장유가 생각하는 자취의 좋은 점은 무엇입니까?

2. 여러분은 기숙사에서 사는 것이 좋습니까? 자취하는 것이 좋습니까?
   기숙사 생활과 자취 생활의 좋은 점과 나쁜 점을 이야기해 봅시다.

점	외롭다	생활비	식비	룸메이트	기억하다

5 지금 배달이 되나요?

I

투이 여보세요? 거기 피자가게인가요?

직원 네, 맞습니다.

투이 여기 행복아파트인데 배달이 되나요?

직원 네, 그런데 좀 기다리셔야 해요. 1시간 정도 걸릴 거예요.

투이 괜찮아요. 기다릴게요.

직원 뭘 주문하시겠어요?

투이 피자 한 판하고 콜라 한 병 갖다 주세요.

직원 피자 크기는 어떤 걸로 하시겠어요?

투이 제일 큰 걸로 주세요. 그리고 샐러드도 하나 주세요.

직원 그러면 손님, 세트 메뉴로 주문하시는 게 어떠세요? 손님이 주문하신 피자는 만 5천 원인데 세트 메뉴는 2만 원이에요. 세트 메뉴에 콜라와 샐러드도 포함되니까 따로 시키는 것보다 싸요.

투이 그럼 세트 메뉴로 할게요.

직원 어디로 배달해 드릴까요?

투이 행복아파트 101동 203호로 배달해 주세요.

직원 네, 알겠습니다.

대답하세요

1. 투이는 무슨 음식을 시켰습니까?
2. 주문한 음식은 얼마나 기다려야 합니까?

단어와 표현

배달	판	크기	샐러드
손님	세트	동	호

◉ N이/가 되다

• 지금 딸기 주스가 됩니까?

• 배가 고픈데 무슨 음식이 빨리 돼요?

• 물냉면 두 그릇 주세요.

– 죄송합니다, 손님. 겨울에는 물냉면이 안 되는데요.

•

◉ 갖다 주다 / 갖다 드리다

• 지난주에 빌린 책을 오늘 갖다 줬어요.

• 따뜻한 녹차를 할아버지께 갖다 드렸어요.

• 책상 위에 있는 제 휴대전화 좀 갖다 주세요.

•

◉ N(으)로

• 오늘 점심은 김치찌개로 합시다.

• 뭘로 하시겠어요?

– 저기 청바지 옆에 있는 노란색 치마로 주세요.

• 민수 생일 선물로 무엇을 사면 좋을까?

– 민수는 음악을 좋아하니까 시디로 하는 게 좋을 것 같아.

•

문법 1 V-나요?

- 지금도 계속 눈이 오나요?
- 어제 왜 학교에 결석했나요?
- 여기서는 담배를 피워도 되나요?
  – 이 빌딩 안에서는 담배를 피울 수 없습니다.

연 습

1. 〈보기〉와 같이 만드세요.

> 보기
> 가 : 티누 씨가 학교에 안 왔어요. (무슨 일이 있다)
> 나 : 그래요? 티누 씨에게 무슨 일이 있나요?

1) 가 : 내일 팀의 생일 파티가 있어요. (제니퍼도 가다)
   나 : 그래요? ______________________________?

2) 가 : 이 선생님이 사무실에 안 계시네요. (퇴근하다)
   나 : 그래요? ______________________________?

3) 가 : 아직 티누 씨는 한국에 안 왔어요. (언제 고향에서 돌아오다)
   나 : ______________________________?

4) 가 : 김치가 매워서 못 먹겠어요. (매운 것을 좋아하지 않다)
   나 : ______________________________?

5) 가 : 배가 고픈데 식당에 갈래요? (아침을 안 먹다)
   나 : ______________________________?

6) 가 : 아사코 씨는 지금 회사에 있어요.
   나 : ______________________________?

문법 2 A-(으)ㄴ가요?, N-인가요?

- 배가 많이 고픈가요?
- 어제 서울의 날씨는 어땠나요? 더웠나요?
- 투이 씨의 생일이 언제인가요?

연 습

1. 〈보기〉와 같이 질문을 만드세요.

> 보기 가 : 상우 씨, 옷을 많이 입었네요. 오늘 날씨가 추운가요?
> 나 : 아니요, 감기에 걸렸어요.

1) 가 : 선생님, 오늘 볼 시험이 많이 ______________________?
   나 : 아니요, 별로 어렵지 않으니까 걱정하지 마세요.

2) 가 : 아사코 씨, 이사한 집이 ______________________?
   나 : 네, 넓어서 좋아요.

3) 가 : 어제 만난 여자가 어땠어요? ______________________?
   나 : 아니요, 별로 마음에 들지 않았어요.

4) 가 : 요즘도 계속 ______________________?
   나 : 네, 일이 너무 많아서 바빠요.

5) 가 : 소영 씨가 좋아하는 색은 ______________________?
   나 : 저는 빨간색과 까만색을 좋아해요.

6) 가 : 저 사람은 ______________________?
   나 : 제 누나예요.

II

직원 네, 피자가게입니다.

투이 여기 행복아파트인데요. 피자를 주문한 지 한 시간 반이 지났는데 아직 안 왔어요. 왜 이렇게 늦어요?

직원 죄송합니다. 지금 배달원이 가는 중이니까 곧 도착할 거예요. 조금만 더 기다려 주세요.

투이 너무 오래 걸리는군요. 배고파 죽겠어요.

직원 정말 죄송합니다. 오늘이 일요일이라 주문이 너무 많았어요. 그리고 배달원 한 명이 아파서 출근을 못했어요. 다음부터는 이런 일이 없도록 하겠습니다.

투이 하여튼 좀 빨리 갖다 주세요.

직원 네, 알겠습니다. 저희가 사과하는 뜻으로 다음에 주문하시면 30% 할인해 드리겠습니다.

대답하세요

1. 피자를 주문한 지 얼마나 되었습니까?
2. 왜 배달이 늦어졌습니까?
3. 다음에 주문하면 왜 30% 할인을 해 줍니까?

단어와 표현

배달원	죽다	출근	이런
하여튼	사과하다	뜻	할인
어버이날	카네이션		

◉ A-아/어 죽겠다

- 너무 많이 먹어서 배가 불러 죽겠어요.
- 밤늦게까지 일을 해서 힘들어 죽겠어요.
- 어제 술을 많이 마셔서 머리가 아파 죽겠어.
-

◉ 하여튼

- 이 식당 음식이 맛있을까?
  – 하여튼 먹어 보자.
- 지금 가면 영화표가 있을까요?
  – 글쎄요. 하여튼 극장에 가 봅시다.
- 김 선생님이 댁에 계실까요?
  – 저도 잘 모르겠어요. 하여튼 전화해 봅시다.
-

◉ 뜻

- 이 단어의 뜻이 뭐예요?
- 설명을 들어도 무슨 뜻인지 모르겠어요.
- 모르는 단어의 뜻을 알려면 사전을 찾아야 합니다.
-

◉ 사과[감사, 축하]하는 뜻으로

- 어버이날에는 부모님께 감사하는 뜻으로 카네이션을 드려요.
- 이 카메라는 어머니께서 제 졸업을 축하하는 뜻으로 사 주신 거예요.
- 어제 약속을 못 지켜서 미안해. 내가 사과하는 뜻으로 영화를 보여 줄게.
-

문법 1 V-는 중이다, N 중

• 수업 중에 음식을 먹지 마세요.
• 상우 씨는 여행 중이라서 집에 없어요.
• 제니퍼 씨, 제가 지금 가는 중이니까 조금만 기다려 주세요.

연 습

1. 〈보기〉와 같이 쓰세요.

보기 가 : 상우 씨는 지금 뭐 해요?
나 : 회사에서 일하는 중이에요.

1) 가 : 지금 박 선생님을 만날 수 있어요?
나 : ______________________. 오후에 다시 오세요.

2) 가 : 티누 씨 좀 바꿔 주세요.
나 : ______________________. 이따가 다시 걸어 주세요.

3) 가 : 민수 씨, 지금 뭐 하세요? 바쁜가요?
나 : ______________________.

4) 가 : 샤오밍 씨는 휴게실에서 뭐 해요?
나 : ______________________.

5) 가 : 민수 씨, 투이 씨는 저녁을 안 먹어요? 방에서 뭐 하나요?
나 : ______________________.

6) 가 : 여보세요? 지금 어디야? 뭐 하고 있니?
나 : ______________________.

문법 2 A-군요, V-는군요

- 한국의 가을 하늘은 참 아름답군요.
- 티누 씨는 한국어를 참 잘하는군요.
- 어제 부산에는 비가 많이 왔군요.

연 습

1. 〈보기〉와 같이 쓰세요.

보기 가 : 여기가 제주도예요.
나 : 제주도는 정말 아름답군요.

1) 가 : 이 아기는 제 조카예요.
나 : 그래요? 조카가 참 ______________________.

2) 가 : 팀 씨는 몇 시에 자요?
나 : 저는 매일 9시에 자요.
가 : 그래요? 정말 ______________________.

3) 가 : 제 동생은 우유를 하루에 6잔씩 마셔요.
나 : 동생이 우유를 ______________________.

4) 가 : 이 빨간색 지갑은 얼마예요?
나 : 45만 원이에요.
가 : 네? ______________________.

5) 가 : 지금 9시 10분이에요.
나 : 그래요? ______________________. 빨리 갑시다.

6) 가 : 이번에도 샤오밍 씨가 장학금을 받았어요.
나 : 와, 정말 ______________________.

종합연습

1. 〈보기〉처럼 대화를 만들어 보세요.

> **보기** 가 : 팀 씨는 프랑스에 가 본 적이 있나요? (V-나요?)
> 나 : 네, 작년 여름에 가 봤어요. 에펠탑이 멋있었어요.

1) 가 : 설렁탕이 다 되었어요. 뜨거우니까 천천히 드세요.
   나 : 아! 정말 ________________. (A-군요)

2) 가 : 지금 팀 씨를 만날 수 있어요?
   나 : 팀 씨는 티누 씨와 ________________. (V-는 중이다)
   조금만 기다려 주세요.

3) 가 : 아사코 씨는 김치를 잘 ________________. (V-는군요)
   나 : 네, 저는 밥을 먹을 때 꼭 김치가 있어야 해요.

4) 가 : 샤오밍 씨는 매운 음식을 ________________? (V-나요?)
   나 : 아니요, 하지만 김치는 좋아해요.

5) 가 : 티누 씨는 같이 안 ________________? (V-았/었나요?)
   나 : 30분 후에 올 거예요. 지금 ________________. (N 중이다)

6) 가 : 저 산을 좀 보세요.
   나 : 와! 눈이 정말 많이 ________________. (A/V-았/었군요)

7) 가 : 아직 수업이 안 ________________? (V-았/었나요?)
   나 : 네, ____________________________. (V-는 중이다)

2. 다음을 사용해서 대화를 완성하세요.

하여튼	할인하다
갖다 주다	사과[감사, 축하]하는 뜻으로

1) 가 : 감기에 걸려서 목이 아파 죽겠어.

나 : 조금만 기다려. 약을 (   ).

2) 가 : 이거 얼마예요?

나 : 5만 원인데 50% (   ) 2만 5천 원이에요.

3) 가 : 이 케이크는 누가 가져 왔어요?

나 : 투이 씨의 생일을 (   ) 제가 준비했어요.

4) 가 : 이 식당 음식이 맛없으면 어떡하죠?

나 : (   ) 들어가서 먹어 봅시다.

3. 지금 뭐하는 중이에요? 이야기해 봅시다.

가 : 팀 씨는 뭐하는 중이에요?

나 : 자는 중이에요.

4. 잘 듣고 (   ) 안에 알맞은 말을 써 보세요.

1) 두 사람이 주문할 것은 (   )와/과 (   )(이)다.

2) ① 이 커피숍에는 (   )이/가 없다.

② 남자와 여자는 (   )와/과 (   )을/를 시켰다.

3) 오늘 이 식당에서는 (   )이/가 안 돼서 (   )을/를 주문했다.

5. 다음 '메뉴'를 보고 전화로 주문해 보세요.

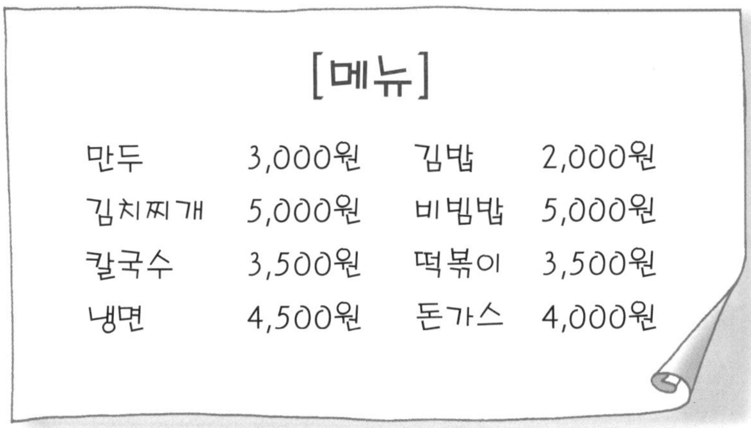

[메뉴]

만두	3,000원	김밥	2,000원
김치찌개	5,000원	비빔밥	5,000원
칼국수	3,500원	떡볶이	3,500원
냉면	4,500원	돈가스	4,000원

읽기

♣ 다음 글을 잘 읽고 질문에 대답하십시오.

프랑스에서 온 소피는 아주 알뜰한 유학생입니다. 소피는 한국에서 여러 가지 쿠폰을 잘 사용해서 생활비를 아낍니다. 치킨을 좋아하는 소피는 치킨 집에서 주는 쿠폰을 모읍니다. 10장을 모으면 한 마리 가격으로 두 마리를 시킬 수 있습니다. 그러면 친구를 초대해서 같이 먹습니다. 소피는 자주 가는 학교 앞 커피숍에서 주는 쿠폰도 꼭 모읍니다. 열 장을 모으면 커피나 음료수 한 잔을 공짜로 마실 수 있습니다. 또 자주 가는 식당이나 미용실에서 주는 할인 쿠폰도 받아서 모읍니다. 할인 쿠폰이 있으면 가격이 10%~30% 정도 쌉니다.

소피는 예쁘고 좋은 옷을 싸게 사는 법도 알고 있습니다. 백화점에서 할인 기간에 옷을 사면 40% 정도 싸게 살 수 있습니다. 그리고 새벽에 동대문 시장에 가면 여러 가지 물건을 낮보다 훨씬 싸게 살 수 있습니다. 그래서 소피는 백화점 할인기간에 쇼핑을 하거나 새벽 시장에 가서 물건을 삽니다.

요즘 소피는 '한국에서 알뜰하게 생활하는 법'에 대한 정보를 모아서 다른 유학생들에게 도움을 주고 있습니다.

1. 글의 내용과 맞으면 ○, 틀리면 × 하십시오.

① 동대문은 낮 시장이 새벽 시장보다 쌉니다. ( )

② 소피는 할인 쿠폰을 잘 사용하는 법을 압니다. ( )

③ 치킨 집에서 주는 쿠폰을 모아서 친구에게 한턱냅니다. ( )

④ 소피는 요즘 알뜰하게 사는 법을 친구에게 배우고 있습니다. ( )

2. 여러분은 유학 생활을 어떻게 하고 있습니까? 생활비를 아끼는 법을 말해 보십시오.

알뜰하다	아끼다	모으다	공짜	이용하다
동대문	도움			

LEVEL 3 5과 지금 배달이 되나요?

6 잘 가

I

주말에 나는 친구들과 같이 울릉도 성인봉에 갔다. 한여름이라서 아주 더웠고 우리는 산을 오르면서 땀을 많이 흘렸다. 성인봉으로 가는 길에는 울릉도에서 유명한 봉래폭포가 있었다. 폭포 근처에서 우리는 준비해 간 김밥을 먹으면서 쉬었다. 폭포 소리를 들으며 먹는 점심은 정말 맛있었다.

산 정상까지는 3시간 정도 걸렸다. 성인봉 정상에 서서 내려다본 아래는 사방이 바다였다. 등산을 많이 해 보았지만 바다가 보이는 산은 처음이었다. 넓고 푸른 바다를 보면서 우리는 "야호" 하고 소리쳤다. 스트레스가 모두 없어지는 것 같았다. 성인봉은 꼭 한 번 더 가고 싶은 곳이다.

대답하세요

1. 봉래폭포는 어디에 있습니까?
2. 점심을 먹은 곳은 어디입니까?
3. '나'는 산 정상에서 무엇을 했습니까?

단어와 표현

울릉도	성인봉	한여름	흘리다
봉래폭포	정상	내려다보다	사방
푸르다	야호	소리치다	올려다보다

◉ 한-N

- 한여름 바닷가에는 사람들이 정말 많아요.
- 한겨울에 먹는 아이스크림이 더 맛있는 것 같아요.
- 한낮에는 날씨가 너무 더워서 밖에 나가기가 싫어요.
-

◉ N을/를 흘리다

- 아이가 독감에 걸려서 콧물을 많이 흘려요.
- 어머니는 슬픈 영화를 보면 눈물을 흘리십니다.
- 태권도 선수들이 땀을 흘리며 열심히 연습하고 있습니다.
-

◉ V-는 길

- 집으로 오는 길에 친구를 만났습니다.
- 시내에 가는 길에 서점에서 한국어 사전을 사야 해요.
- 고향에서 돌아오는 길에 선생님께 드리려고 선물을 샀어요.
-

◉ 내려다보다(↔올려다보다)

- 비행기에서 제주도의 풍경을 내려다보았어요.
- 바닷가에 누워 올려다본 밤하늘의 별들을 잊을 수 없을 것 같아요.
- 날씨가 좋아 하늘을 올려다보는데 갑자기 비가 내리기 시작했습니다.
-

문법 1 V-ㄴ/는다, V-았/었다 V-(으)ㄹ 것이다, V-겠다

• 나는 따뜻한 봄을 좋아한다.
• 어제는 영화관에서 프랑스 영화를 봤다.
• 내년 8월쯤에 나는 캐나다로 유학을 갈 것이다.

연 습

1. 〈보기〉와 같이 쓰세요.

보기 매일 아침 신문을 읽어요.
→ 매일 아침 신문을 읽는다.

1) 다음 주부터 태권도를 배우겠어요.

→ ______________________.

2) 아버지는 30년 동안 한 회사에서 일하셨어요.

→ ______________________.

3) 오늘은 토요일이라서 학교에 가지 않습니다.

→ ______________________.

4) 지난 화요일에 우리는 피자를 만들었어요.

→ ______________________.

5) 나는 주말마다 가족과 함께 시간을 보내요.

→ ______________________.

6) 내일 동대문 시장에 가서 동생 생일 선물을 살 거예요.

→ ______________________.

문법 2 "……" 하고 V, "……"라고 V

- 투이 씨가 "시험 때문에 걱정이에요." 하고 말했습니다.
- 나는 친구에게 "오늘 기분이 어때?" 하고 물어보았습니다.
- 식사에 초대 받으면 음식을 먹기 전에 "잘 먹겠습니다."라고 인사하세요.

연 습

1. 〈보기〉와 같이 쓰세요.

> 보기 선생님 : "모르면 질문하세요."
> → 선생님께서 "모르면 질문하세요." 하고 말씀하셨습니다.

1) 제니퍼 : "요즘 매일 늦게 일어나요."

→ ______________________________.

2) 팀 : "지금 몇 시예요?"

→ ______________________________.

3) 샤오밍 : "감기에 걸려서 술을 마시면 안 돼."

→ ______________________________.

4) 아사코 : "초밥을 먹으려고 하는데 같이 먹으러 갈래?"

→ ______________________________.

5) 아주머니 : "공항에 가려면 몇 번 버스를 타야 해요?"

→ ______________________________.

6) 학생 : "한 번 더 설명해 주세요."

→ ______________________________.

II

내가 열한 살 때 아버지는 처음으로 나를 낚시에 데리고 가셨다. 우리가 간 곳은 남해였다.

남해의 밤바다는 조용하고 아름다웠다. 그곳에서 많은 사람들이 낚시를 하고 있었다. 우리도 큰 바위에 앉아서 낚시를 시작했다. 나는 물고기를 많이 잡고 싶었지만 한 마리도 못 잡아서 조금 화가 났다.

한 시간을 더 기다린 후, 나는 물고기를 한 마리 잡을 수 있었다. 내가 처음 잡은 물고기는 작지만 예뻤다. 그러나 아버지는 "아직 어리니까 보내 주자."라고 하셨다. 나는 힘들게 잡은 물고기를 보내 주면서 "잘 가."라고 말했다. 그때 바다 위로 해가 뜨기 시작했다.

요즘도 나는 주말마다 낚시를 가고 해돋이도 본다. 그러나 그날 아버지와 함께 보낸 시간을 지금도 잊을 수 없다.

대답하세요

1. '나'는 언제 처음으로 낚시를 갔습니까?
2. 처음 간 낚시에서 나는 물고기를 몇 마리 잡았습니까?
3. '나'는 왜 잡은 물고기를 다시 바다로 보내 주었습니까?

단어와 표현

남해	바위	물고기	화
어리다	해	뜨다	해돋이
그러나	지다		

◉ 화가 나다 / 화를 내다

- 화난 얼굴보다 웃는 얼굴이 보기에 좋아요.
- 내가 약속 시간에 늦어서 친구가 화가 났다.
- 동생이 매일 늦게 들어와서 아버지께서 화를 내셨다.
-

◉ 뜨다 (↔지다)

- 해가 지고 달이 떴다.
- 우리는 해가 뜨는 것을 보려고 동해로 갔다.
- 여름에는 해가 일찍 뜨고 늦게 져서 아이들이 밖에서 놀기가 좋다.
-

◉ 그러나

- 한국어 공부는 재미있습니다. 그러나 공부하기가 쉽지 않습니다.
- 오늘 해야 할 일이 많습니다. 그러나 아파서 할 시간이 없습니다.
- 내 동생은 나보다 키가 작습니다. 그러나 달리기는 나보다 더 잘합니다.
-

문법 1 N이다, N이었다/였다, N일 것이다

- 오늘부터 방학이다.
- 프랑스는 지금 여름일 것이다.
- 크리스마스에 나에게 선물을 준 사람은 나의 아버지이셨다.

연습

1. 〈보기〉와 같이 쓰세요.

보기 제가 제일 좋아하는 과일은 오렌지입니다.
→ 내가 제일 좋아하는 과일은 오렌지이다.

1) 저는 일본 사람이고 제 친구는 프랑스 사람입니다.

→ ______________________.

2) 이 사진은 부산에서 찍은 것이 아니에요.

→ ______________________.

3) 약속 시간은 세 시 반이었어요.

→ ______________________.

4) 제가 작년에 배운 외국어는 일본어였습니다.

→ ______________________.

5) 여기는 외국인 학생들만 사는 기숙사예요.

→ ______________________.

6) '명성황후' 는 지금까지 본 공연 중 가장 감동적이었어요.

→ ______________________.

문법 2 A-다, A-았/었다, A-(으)ㄹ 것이다, A-겠다

- 나와 내 친구는 성격이 많이 다르다.
- 요즘 시험 기간이라서 학생들이 바쁘겠다.
- 어제는 친구한테서 선물을 받고 하루 종일 기분이 좋았다.

연 습

1. 〈보기〉와 같이 쓰세요.

> 보기 여름은 덥고 겨울은 추워요.
> → 여름은 덥고 겨울은 춥다.

1) 올해는 작년보다 과일 값이 훨씬 비싸요.

→ ________________________________.

2) 교통이 불편해서 학교 다니기가 힘듭니다.

→ ________________________________.

3) 박물관에 아이들이 많이 와서 시끄러웠어요.

→ ________________________________.

4) 어제 먹은 케이크는 정말 맛있었어요.

→ ________________________________.

5) 이번 문법 시험은 쉽지 않았어요.

→ ________________________________.

6) 저는 생일에 전자사전을 선물로 받고 싶어요.

→ ________________________________.

종합연습

1. 알맞은 단어를 골라서 문장에 맞게 쓰세요.

내려다보다	소리치다	흘리다	뜨다	화가 나다

1) 지난주에 친구들과 등산을 갔다. 세 시간쯤 걸려 산 정상에 도착했다.
그때 산 위로 해가 ________________.

2) 내 친구는 눈물을 ________________(으)면서 고향을 떠났다.

3) 산에서 다리를 다친 사람이 "도와주세요." 하고 ________________.

4) 나는 ________________(으)면 말을 안 합니다.

5) 내 친구는 나보다 키가 커서 항상 나를 ________________.

2. 다음은 아사코 씨의 일기입니다. 글을 읽고 보기와 같이 고치세요.

오늘 상우 씨와 같이 시장에 갔어요. 우리는 내일 산에 가야 하기 때문에
〈보기〉(갔다)
나는 운동화가 필요했어요. 시장에서는 운동화를 싸게 살 수 있어요.
( ) ( )
다음 주가 추석이라서 시장에는 사람들이 많았어요. 우리는 신발 가게와
( )
모자 가게에 갔어요. 나는 운동화를 사고 상우 씨는 노란색 모자를 샀어요.
( ) ( )
상우 씨는 나에게도 모자를 하나 사 줬어요.
( )
나는 기분이 좋아서 상우 씨에게 점심을 샀어요. 시장에서 먹은 김밥과
( )
라면은 정말 맛있었어요.
( )

3. 다음과 같이 쓰세요.

> **보기** 서울은 한국에서 가장 큰 도시이다. 서울은 항상 교통이 복잡하다. 그래서 약속 시간을 지키려면 지하철을 타는 게 좋다.

1) 5월에는 내가 좋아하는 예쁜 꽃이 많이 ____________. 날씨도 아주 ____________. 그리고 5월에는 1년 중 휴일이 가장 ____________. 그래서 나는 5월이 제일 ____________.

2) 친구들과 해돋이를 보러 동해로 ____________. 동해는 해돋이로 ____________. 동해에는 해돋이를 구경 온 사람들이 ____________. 우리가 도착한 지 한 시간 지나서 바다 위로 해가 ____________.

3) 감기에 걸리지 않으려면 손과 발을 자주 ____________. 그리고 물을 많이 ____________. 가장 좋은 것은 매일 조금씩 운동을 하는 것이다.

4) 오늘 지하철에 빈 자리가 ____________. 나는 의자에 ____________. 그리고 음악을 들으면서 책을 ____________. 오후에 시험이 있어서 공부를 ____________.

5) 요즘 날씨가 너무 더워서 밤에 잠을 잘 ____________. 그래서 아침에 늦게 ____________. 오늘도 늦게 일어나서 수업 시간에 ____________. 그리고 수업을 하는 동안에 계속 ____________. 선생님과 친구들에게 ____________.

6) 매년 봄과 가을에 기숙사 축제가 ____________. 축제 때는 기숙사에 살지 않는 사람들도 기숙사를 구경하러 ____________. 그래서 축제 전에는 모두 방을 깨끗하게 ____________.

4. 잘 듣고 맞으면 O, 틀리면 X 하세요.

1) 부산은 한국에서 두 번째로 큰 도시이다. (   )

2) 우리는 시내에서 쇼핑을 했다. (   )

3) 우리는 점심으로 바닷가에서 회를 먹었다. (   )

4) 내 고향에는 바다가 있다. (   )

5) 부모님께 드리려고 선물을 하나 샀다. (   )

5. 친구와 이야기해 보세요. 이야기를 듣고 메모해 보세요.

1. 한국에 와서 처음 먹은 음식이 뭐예요?
2. 맛이 어땠어요?
3. 가장 좋아하는 한국 음식은 뭐예요?
4. 왜 그 음식을 좋아해요?
5. 만들 수 있는 한국 요리가 있어요?
6. ______________________?

1. ________씨가 한국에 와서 처음 먹은 음식은 ________이다.
2. ______________________.
3. ______________________.
4. ______________________.
5. ______________________.
6. ______________________.

읽기

♣ 다음 글을 잘 읽고 질문에 대답하십시오.

지난주 금요일에 나는 친구들과 '양떼목장'에 갔다. 양떼목장은 강원도에 있는데, 드라마 '가을동화'로 유명해진 곳이다. 나는 중국에서 '가을동화'를 처음 보았는데, 슬픈 사랑 이야기가 아주 감동적이었다. 그때부터 한국에 대해 알고 싶어졌다. 그래서 한국어를 공부하기 시작했고 한국으로 유학을 왔다.

친구들과 나는 '가을동화' 촬영지에 제일 먼저 가 보았다. 목장 이름은 양떼목장인데 양이 많이 없어서 조금 실망했다. 그렇지만 우리는 드라마 주인공처럼 넓은 초원에 누워서 하늘을 올려다보았다. 가을 하늘은 높고 깨끗했고, 우리는 하늘을 보면서 "와" 하고 소리도 쳤다.

목장에서 나와서 강원도에서 유명한 감자떡을 먹었다. 감자떡은 그 모양과 맛이 송편과 비슷했다. 달고 맛있어서 우리는 배가 불렀지만 계속 먹었다. 강원도는 유명한 관광지도 많고 자연도 참 아름다웠다. 다음에는 강원도에서 유명한 설악산과 스키장에 꼭 가 보고 싶다.

1. '나'는 왜 한국어를 공부하게 되었습니까?

2. 글의 내용과 같은 것을 고르십시오.

① '가을동화'는 중국 드라마이다.
② 양떼목장에서 드라마를 찍었다.
③ 양떼목장에 양이 없어서 실망했다.
④ '나'는 강원도에서 유명한 송편을 먹었다.

양떼목장	강원도	동화	촬영지	실망하다	초원
와	감자떡	모양			

7 노란색을 원하시면 주문해 드릴 수 있어요

I

점원 찾으시는 게 있으세요?

상우 여자 친구한테 화장품을 선물하려고 하는데요.

점원 생일 선물이에요?

상우 아뇨, 여자 친구와 만난 지 백 일이 되어서 선물을 하나 하려고요.

점원 그러세요? 여자 친구에게 향수를 선물하는 건 어떠세요? 새로 나온 향수가 있는데 향이 정말 좋아요.

상우 글쎄요, 제 여자 친구는 향수를 안 쓰는데 좋아할지 모르겠어요.

점원 그럼, 립스틱을 선물해 보세요. 요즘 이 빨간색 립스틱이 유행이에요.

상우 그건 너무 진한 것 같은데요. 좀 더 연한 색으로 보여 주시겠어요?

점원 이 분홍색은 어떠세요? 이 색도 요즘 아가씨들이 좋아하는 색깔이에요.

상우 그게 좋겠네요. 그걸로 예쁘게 포장해 주세요.

대답하세요

1. 상우는 왜 화장품을 사려고 합니까?
2. 상우는 왜 향수를 사지 않았습니까?
3. 상우가 산 립스틱은 무슨 색깔입니까?

단어와 표현

화장품	새로	나오다	향
립스틱	빨갛다	진하다	연하다
아가씨	포장하다	파랗다	하얗다
까맣다	노랗다		

◉ 새로

• 우리 반에 새로 온 학생이에요.
• 오늘 새로 배운 단어를 세 번씩 써 오세요.
• 새로 산 옷이에요?
  – 네, 지난 주말에 샀어요.
•

◉ 나오다

• 그 공원에는 항상 음악이 나옵니다.
• 저는 그 배우가 나오는 영화를 좋아해요.
• 그 책은 오래 전에 나온 책이라서 구하기가 힘들어요.
•

◉ 진하다 (↔연하다)

• 좀 더 진한 색 청바지로 보여 주세요.
• 봄에는 연한 분홍색 옷을 많이 입어요.
• 저는 커피를 진하게 마시는 것을 좋아합니다.
•

문법 1 A/V-(으)ㄹ지 모르겠다

• 그 사람이 언제 올지 모르겠습니다.
• 내일 저녁에 시간이 날지 모르겠는데요.
• 이 옷이 영수 씨에게 잘 어울릴지 모르겠어요.

연 습

1. 〈보기〉와 같이 쓰세요.

보기 가 : 내일은 날씨가 좋을까요?
나 : 글쎄요, 내일 날씨가 좋을지 모르겠어요.

1) 가 : 철수 씨가 집에 있을까요?
나 : 글쎄요, ______________________.

2) 가 : 이번 시험은 좀 쉬울까요?
나 : 글쎄요, ______________________.

3) 가 : 피터 씨가 비빔밥을 좋아할까요?
나 : 글쎄요, ______________________.

4) 가 : 크리스마스에 눈이 올까요?
나 : 글쎄요, ______________________.

5) 가 : 저 영화가 재미있을까요?
나 : 글쎄요, ______________________.

6) 가 : ______________________?
나 : 글쎄요, 제가 잘할 수 있을지 모르겠어요.

문법 2 'ㅎ' 불규칙

- 가을에는 하늘이 특히 파래요.
- 이 방에는 하얀 커튼이 잘 어울릴 것 같아요.
- 그 까만 구두가 마음에 들면 한번 신어 보세요.

	-아/어요	-아/어서	-(으)니까	-(으)ㄴ
빨갛다	빨개요	빨개서	빨가니까	빨간
노랗다	노래요	노래서	노라니까	노란
하얗다	하얘요	하얘서	하야니까	하얀

연 습

1. 〈보기〉와 같이 쓰세요.

보기 제가 제일 좋아하는 우산은 노란 우산이에요. (노랗다)

1) 저기 책상 위에 있는 ____________ 가방은 누구의 가방이에요? (파랗다)

2) 소피 씨는 매운 음식을 먹고 얼굴이 ____________. (빨갛다)

3) ____________ 옷을 입으면 음식을 먹을 때 조심해야 돼요. (하얗다)

4) ____________ 옷하고 함께 빨래를 하면 다른 옷들도 ____________.
(까맣다)

5) 사라 씨는 얼굴이 ____________ 이 원피스가 잘 어울리겠어요. (하얗다)

II

점원 어떻게 오셨어요?

소피 이 블라우스를 선물 받았는데 어머니 옷으로 바꾸고 싶어서요.

점원 그럼, 이 물방울 무늬 블라우스는 어때요?

소피 노란색은 없나요? 어머니께서 좀 마른 편이셔서 밝은 색이 잘 어울리시거든요.

점원 노란색은 지금 없는데 파란색은 싫으세요?

소피 파란색은 좀 추워 보일 것 같아요.

점원 노란색을 원하시면 주문해 드릴 수 있어요. 주문해 드릴까요?

소피 네, 주문해 주세요. 그런데 오늘 주문하면 언제 도착하나요?

점원 이번 주말쯤 도착할 거예요.

소피 미안하지만 택배로 보내 주실 수 있어요? 제가 다시 올 수 없어서 그래요.

점원 그럼요. 여기에 이름하고 주소, 전화번호를 써 주세요. 어머니께 안 맞으시면 바꾸러 오세요.

대답하세요

1. 소피는 왜 옷가게에 갔습니까?
2. 소피는 왜 파란색 블라우스를 사지 않았습니까?
3. 소피는 주문한 옷을 어디에서 받습니까?

단어와 표현

물방울	무늬	마르다	원하다
택배	맞다	힘	디자인

◉ 원하다

- 직원과 통화를 원하시면 0번을 눌러 주세요.
- 더 작은 방을 원하시면 다른 방을 보여 드릴게요.
- 초콜릿 맛과 딸기 맛 중에서 어떤 맛을 원하세요?
-

◉ A/V-아서/어서 그래(요)

- 왜 더 안 드세요?
  - 배가 불러서 그래요.
- 왜 같이 갈 수 없어요?
  - 오늘은 좀 바빠서 그래요.
- 힘이 없어 보이는데 아파?
  - 감기에 걸려서 그래.
-

◉ 맞다

- 디자인은 마음에 드는데 좀 작아요.
- 이 스웨터가 어머니께 잘 맞으면 좋겠어요.
- 구두가 발에 잘 맞으세요?
  - 좀 큰 것 같은데요.

- 병원에 가서 주사를 맞고 왔다.
- 이 문제는 너무 어려워서 맞은 사람이 거의 없어요.
-

문법 1 A/V-(으)ㄴ/는 편이다

- 투이 씨는 노래를 잘하는 편이에요.
- 오늘 날씨가 따뜻해요?
  - 네, 따뜻한 편이에요.
- 오늘도 숙제가 많아요?
  - 아니요, 오늘은 많지 않은 편이에요.

연습

1. 〈보기〉와 같이 질문에 대답하세요.

> 보기 가 : 운동을 좋아해요?
> 나 : 네, 운동을 좋아하는 편이에요.

1) 가 : 영화를 자주 봐요?
   나 : 네, ______________________.

2) 가 : 주말에 일찍 일어나요?
   나 : 아니요, ______________________.

3) 가 : 한국 음식을 잘 만들어요?
   나 : 네, ______________________.

4) 가 : 운동을 잘해요?
   나 : 네, ______________________.

5) 가 : 피아노를 잘 쳐요?
   나 : 네, ______________________.

6) 가 : 지금 있는 호텔 방은 넓어요?
   나 : 아니요, ______________________.

문법 2 A/V-거든(요)

- 저는 매일 30분씩 달리기를 해요. 달리기가 건강에 좋거든요.
- 오늘은 도서관에 안 가요?
  - 네, 시험이 끝났거든요.
- 아직 안 자고 뭐 해?
  - 공부하고 있어. 내일 중요한 시험이 있거든.

연 습

1. 〈보기〉와 같이 질문에 대답하세요.

보기 가 : 콜라를 왜 안 마셔요? (콜라를 별로 좋아하지 않다)
나 : 콜라를 별로 좋아하지 않거든요.

1) 가 : 왜 집에 일찍 올 수 없어요? (저녁에 약속이 있다)
나 : ______________________.

2) 가 : 요즘 얼굴이 좋아 보이네요. (운동을 하다)
나 : ______________________.

3) 가 : 왜 여름옷만 가지고 가? (호주는 지금 덥다)
나 : ______________________.

4) 가 : 왜 이렇게 일찍 출발해요? (출근 시간에는 길이 복잡하다)
나 : ______________________.

5) 가 : 저 사람의 이름을 어떻게 아세요? (전에 신문에서 보다)
나 : ______________________.

6) 가 : 쓰기 점수가 많이 올랐네요.
나 : ______________________.

종합연습

1. 알맞은 단어를 골라 문장에 맞게 쓰세요.

맞다	포장하다	나오다	주문하다

1) 가 : 크리스마스에 친구들에게 줄 선물이에요. 선물을 예쁘게 ________ 법을 아세요?
   나 : 그럼요, 내가 가르쳐 줄게요.

2) 가 : 디자인은 마음에 드는데 색깔이 마음에 안 들어요. 다른 색은 없어요?
   나 : 죄송해요. 다른 색은 지금 없어서 ________ 돼요.

3) 가 : 동생에게 주려고 티셔츠를 샀는데 동생에게 ________지 않아요.
   나 : 그럼, 다른 걸로 바꿔 드릴게요.

4) 가 : 그 화장품 어디서 샀어?
   나 : 산 게 아니야. 이번 달에 ________ 잡지를 사고 받았어.

2. 여러분은 무엇을 원하세요? 세 가지를 말해 보세요.
   그리고 그 이유를 '-거든요'를 사용해서 말하세요.

1)

2)

3)

3. '-거든요'를 사용해서 다음 대화를 완성하세요.

1) 가 : 아침을 왜 못 먹었어요?
나 : ______________________________.

2) 가 : 왜 집에서 공부하지 않고 도서관에서 하세요?
나 : ______________________________.

3) 가 : 왜 밖에 나와서 담배를 피워요?
나 : ______________________________.

4) 가 : 사람들이 왜 이 영화를 좋아해요?
나 : ______________________________.

4. '-(으)ㄴ 편이다' 를 사용해서 문장을 완성하세요.

1) 저는 지금 기숙사에 살아요. 기숙사 방은 편하지만 조금 좁은 편이에요.
하지만 원룸보다 깨끗하고 가격도 ______________________.
원룸에 살 때에는 텔레비전을 자주 ______________________
지금은 못 봐요.
원룸에 살 때에는 ______________________________.
지금은 ______________________________.

2) 제 룸메이트는 프랑스 사람이에요. 저와 성격이 전혀 달라요. 저는 음악을 듣고 책을 읽는 것을 ______________지만 제 룸메이트는 밖에서 친구들과 함께 운동을 하고 노는 것을______________.
제 룸메이트는 매운 음식을 잘 ____________ 저는 잘 못 ____________.
하지만 우리는 둘 다 영화를 좋아하기 때문에 자주 영화관에 __________.

5. 잘 듣고 맞으면 ○, 틀리면 × 하세요.

1) 소피는 다리가 다 나아서 산에 같이 갈 수 있습니다. (　　)

2) 마리는 샤오밍에게 파란색 공책을 빌려 주었습니다. (　　)

3) 투이는 구두를 자주 신습니다. (　　)

4) 티누는 소영에게 우산을 빌립니다. (　　)

6. 친구와 이야기해 보세요.

누구에게	무엇을	왜
아버지	디지털 카메라	사진 찍는 것을 좋아하다
어머니		

읽기

♣ 다음 글을 잘 읽고 질문에 대답하십시오.

며칠 전에 ___㉠___ 을/를 샀다. 오늘 아침에 사용하려고 했는데 갑자기 작동이 되지 않아서 ___㉠___ 을/를 가지고 다시 가게에 갔다.

직원은 나에게 "무슨 문제가 있습니까?" 하고 물었다. 그래서 나는 "작동이 안 돼서 환불을 하고 싶어요."라고 말했다. 가게 직원은 ___㉠___ 을/를 보고 나서 "원하시면 수리를 해 드릴 수 있는데요."라고 말했다. 그런데 나는 환불을 받고 싶어서 "그냥 환불해 주세요." 하고 말했다. 그리고 전에 ___㉠___ 을/를 살 때 받은 영수증을 보여 주었다. 직원은 영수증을 보고 "세일 기간에 산 제품은 교환만 가능한데요."라고 말했다. 그래서 나는 직원에게 "다른 제품을 좀 보여 주세요." 하고 말했다.

직원은 나에게 여러 가지 제품을 보여 주었다. 나는 파란색이 마음에 들어서 직원에게 "여기 이 파란색 제품 좀 보여 주시겠어요?" 하고 말했다. 직원은 "이 제품은 가격도 싸고 기능도 좋아서 손님들이 많이 사 갑니다."라고 하면서 그 제품을 보여 주었다. 그리고 직원은 그 제품의 기능을 설명해 주었다. 나는 그 제품의 색깔과 기능이 마음에 들었다. 그래서 직원에게 "그걸로 주세요." 하고 말했다.

1. ___㉠___ 에 들어갈 수 있는 물건을 고르십시오.

① 
② 
③ 
④ 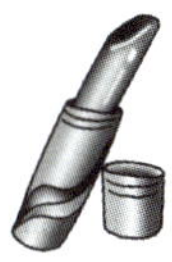

2. 글의 내용과 같은 것을 고르십시오.

① 물건이 고장났습니다.
② 물건을 환불했습니다.
③ 고장난 물건을 샀습니다.
④ 세일 기간에 산 제품은 교환할 수 없습니다.

작동	환불하다	수리	세일	제품
교환	가능하다	기능		

8 김장을 하지 않고 사 먹는 사람이 많다고 합니다

I

앵커 김장철이 되어서 김장을 하는 집이 많아지고 있습니다. 하지만 배추와 무 등 채소 값과 양념값이 크게 올라서 많은 주부들이 걱정하고 있다고 합니다. 대형 할인 매장에 나가 있는 김경하 기자와 연결해 보겠습니다. 김경하 기자, 나와 주세요.

기자 요즘 대형 할인 매장에는 김장을 하려고 배추와 무를 찾는 주부들이 늘고 있습니다. 하지만 채소 값이 크게 올라서 걱정입니다. 더구나 비가 자주 와서 배추가 좋지 않습니다. 지난해 배추 값은 20kg에 2만 2천 원이었는데 올해는 6만 원이 넘는다고 합니다. 4인 가족의 김장 비용은 작년보다 30% 정도 올라서 28만 원쯤이라고 합니다. 겨울이 되면 대부분의 가정에서 김장을 합니다. 하지만 올해는 비싼 비용 때문에 김장을 하지 않고 사 먹겠다는 사람들이 많습니다.

대답하세요

1. 주부들이 무엇을 걱정하고 있습니까?
2. 배추 값은 작년보다 얼마나 올랐습니까?
3. 4인 가족의 김장 비용은 얼마입니까?

단어와 표현

앵커	김장철	김장	배추
무	채소	양념값	주부
기자	연결하다	늘다	비용
대부분	휴가철	겨울철	실력
몸무게	취직하다	지방	

◉ N철

• 이사 철에는 집을 구하기가 힘들어요.
• 요즘 같은 휴가철에는 비행기 표를 구하기가 힘들어요.
• 겨울철에 마시기 좋은 차를 좀 소개해 주세요.
  – 몸에 좋은 인삼차가 제일 먼저 생각나는데요.
•

◉ 늘다

• 노래 실력이 많이 늘었네요.
• 방학 동안 운동을 안 해서 몸무게가 늘었어요.
• 요즘 해외로 외국어 공부하러 가는 학생들이 늘고 있지요?
  – 좋은 회사에 취직하려면 외국어를 잘해야 하니까요.
•

◉ 대부분

• 점심은 대부분 학교 식당에서 먹는다.
• 여름철에는 사람들 대부분이 바다로 갑니다.
• 내일부터 다음 주 화요일까지 대부분 지방에 비가 오겠습니다.
•

문법 1 A-다고 하다, V-ㄴ/는다고 하다

• 동대문 시장에 싸고 예쁜 옷이 많다고 한다.
• 내일 흐리고 비가 온다고 하니까 우산을 준비하세요.
• 지난번 시험이 아주 어려웠다고 해요.
  – 네, 저도 들었어요.

연 습

1. 〈보기〉와 같이 쓰세요.

보기 마이클 : "이 책은 너무 쉬워요."
→ 마이클 씨가 이 책이 너무 쉽다고 했어요.

1) 지영 : "먼저 점심부터 먹고 싶어요."

→ ________________________________.

2) 민수 : "주말마다 기차를 타고 고향에 가요."

→ ________________________________.

3) 투이 : "어제 친구들하고 같이 불고기를 만들었어."

→ ________________________________.

4) 마리 : "전 매일 아침에 공원에서 30분씩 걸어요."

→ ________________________________.

5) 티누 : "시험을 잘 못 봐서 기분이 좋지 않아요."

→ ________________________________.

6) 선생님 : "배운 문법에 대해서 잘 모르면 질문해도 괜찮아."

→ ________________________________.

문법 2 N-(이)라고 하다, A/V-(으)ㄹ 거라고 하다

- 올해는 짧은 치마가 유행할 거라고 한다.
- 저분이 새로 오신 정 선생님이라고 합니다.
- 다음 달 초부터 겨울 방학이라고 하는데 특별한 계획이 있어?
  - 학교 앞 서점에서 아르바이트를 하려고 해.

연습

1. 〈보기〉와 같이 질문에 대답하세요.

> **보기** 가 : 소영 씨, 시험이 10일입니까? (15일)
> 나 : 아니요, 시험은 15일이라고 해요.

1) 가 : 소영 씨, 상우 씨 동생이 고등학생인가요? (대학생)

   나 : 아니요, ______________________________.

2) 가 : 소영 씨, 팀 씨 졸업식이 언제예요? (이번 주 목요일)

   나 : ______________________________.

3) 가 : 소영 씨, 투이 씨는 취미가 뭐예요? (인형 만드는 것)

   나 : ______________________________.

4) 가 : 소영 씨, 학생들이 어디에서 만날 거예요? (학생회관 앞에서 만나다)

   나 : ______________________________.

5) 가 : 소영 씨, 마이클 씨는 수업 마치고 뭐 할 건가요? (요가하다)

   나 : ______________________________.

6) 가 : 소영 씨, 마리 씨는 휴일에 뭐 할 거라고 해요? (고향에서 휴일을 보내다)

   나 : ______________________________.

II

소영 방금 뉴스 봤어요? 올해는 김치가 금치라고 해요.

팀 왜 김치를 금치라고 불러요?

소영 김치가 금처럼 비싸다는 말이에요. 4인 가족의 김장 비용이 28만 원이나 든다고 해요.

팀 정말 비싸네요. 그렇게 비싼데 왜 김장을 해요?

소영 한국 사람들에게 김치는 가장 중요한 반찬이에요. 그래서 추운 겨울이 되기 전에 미리 김장을 해요.

팀 소영 씨 집에서도 김장을 하나요?

소영 네, 매년 겨울에 어머니께서 김장을 하세요. 많이 담가서 주위에 혼자 사시는 할아버지, 할머니께도 드려요.

팀 어머니께서 정말 좋은 일을 하시네요. 저도 좀 도와드리고 싶은데 제가 할 수 있는 일이 있을까요?

소영 물론이에요. 어머니를 도와 드릴 사람이 저밖에 없었는데 잘됐어요.

대답하세요

1. 왜 김치를 금치라고 부릅니까?
2. 한국 사람들은 왜 김장을 합니까?
3. 소영의 어머니는 매년 겨울에 왜 김장을 많이 하십니까?

단어와 표현

방금	뉴스	금	들다
담그다	주위	삼계탕	남녀노소
출입	금지		

◉ 방금

- 방금 소개해 준 사람 이름이 뭐라고 했어?
- 선생님, 방금 설명해 주신 문법을 잘 모르겠어요. 다시 한 번 설명해 주세요.
- 우리가 방금 먹은 음식이 뭐예요?
  – 삼계탕이에요. 삼계탕을 먹으면 여름을 건강하게 보낼 수 있다고 해요.
-

◉ A/V-다는 말이다

- 교환한다는 말은 물건을 서로 바꾼다는 말인가요?
- 남녀노소가 좋아한다는 말은 모두가 좋아한다는 말입니다.
- '출입 금지'가 무슨 뜻이에요?
  – 들어가면 안 된다는 말이에요.
-

◉ 들다

- 컴퓨터를 한 대 사고 싶은데 비용이 얼마나 들까요?
- 배로 보내면 시간은 오래 걸리지만 비용이 적게 듭니다.
- 여행을 하고 싶은데 좋은 곳이 있으면 소개해 주세요. 돈이 적게 들면 더 좋겠어요.
-

문법 1 N(이)나

- 왜 책상을 두 개나 샀어요?
- 이 영화는 너무 재미있고 감동적이어서 세 번이나 봤어요.
- 가방이 무거워 보여요.
  – 네, 사전이랑 책이 다섯 권이나 들어 있어서 무거워요.

연 습

1. 〈보기〉와 같이 질문에 대답하세요.

> 보기 가 : 백화점에 가서 가방 샀어요? (두 개 / 사다)
> 나 : 네, 예쁜 가방이 많아서 두 개나 샀어요.

1) 가 : 점심 먹었어요? (두 그릇 / 먹다)
   나 : 네, 김치찌개가 아주 맛있어서 ____________________.

2) 가 : 이건 배웠어요? (두 번 / 설명하다)
   나 : 네, 선생님께서 ____________________.

3) 가 : 커피 더 드릴까요? (세 잔 / 마시다)
   나 : 아니요, ____________________.

4) 가 : 친구한테 전화해 봤어요? (다섯 번 / 전화하다)
   나 : ____________________.

5) 가 : 얼굴이 많이 부었네요. (열 시간 / 자다)
   나 : ____________________.

6) 가 : 등록금이 얼마나 올랐어? (20% / 오르다)
   나 : ____________________.

문법 2 N밖에

- 늦게 일어나서 아침에 우유 한 잔밖에 못 마셨어.
- 약속 시간이 지났는데 친구들이 두 명밖에 오지 않았어요.
- 티누 씨는 운동을 잘할 것 같아요.
  - 아니에요, 할 수 있는 운동이 달리기밖에 없어요.

연 습

1. 〈보기〉와 같이 질문에 대답하세요.

보기

가 : 냉장고에 주스 있어요?

나 : 아니요, 우유밖에 없는데요.

1)

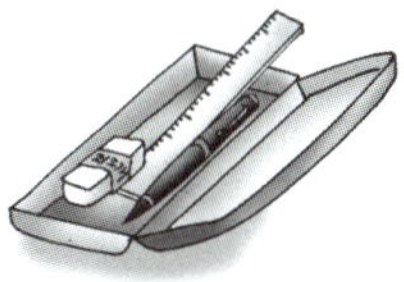

가 : 샤오밍 씨, 연필 있어요?

나 : ______________________________.

2)

가 : 아주머니, 양말 있어요?

나 : ______________________________.

3)

가 : 어제 공부 많이 했어요?

나 : ______________________________.

4)

가 : 교실에 학생들이 많이 있어요?

나 : ______________________________.

5)

가 : 삼만 원만 빌릴 수 있을까요?

나 : ______________________________.

6)

가 : 주말에 시간이 없으니까 목요일에 만나는 게 어때요?

나 : ______________________________.

종합연습

1. 그림을 보고 〈보기〉와 같이 쓰세요.

보기

가 : 이번 여름에 제니퍼 씨가 어디에 간다고 해요?

나 : 제주도에 간다고 해요.

1) 

가 : 투이 씨가 무슨 음식을 좋아하는지 알아요?

나 : ______________________________.

2) 

가 : 아사코 씨가 잘 만드는 음식은 뭐예요?

나 : ______________________________.

3) 

가 : 어제 팀 씨가 뭘 했는지 알아요?

나 : ______________________________.

4) 

가 : 이것을 ________ 씨 나라 말로 뭐라고 해요?

나 : ______________________________.

5) 

가 : 선생님이 뭐라고 하셨어요?

나 : ______________________________.

6) 

가 : 샤오밍 씨가 뭐라고 했어요?

나 : ______________________________.

2. 알맞은 단어를 골라서 넣으세요.

방금	비용	김장	주위	실력

1) 스키를 배우고 싶은데 ( )이/가 많이 들까요?

2) 소영 씨가 영어 시험에서 1등 했다고 해요. ( )이/가 대단해요.

3) 학교 ( )에 맛있는 식당이 있으면 추천해 주세요.

4) ( ) 뉴스에서 들었는데 한국에 오는 외국인이 점점 늘고 있다고 해요 .

5) 날씨가 추워지기 전에 겨울 동안 먹을 김치를 담그는 일을 ( )(이)라고 해요.

3. 〈보기〉와 같이 대화를 완성하세요.

보기 가 : 서울에서 부산까지 차로 몇 시간이 걸려요?
나 : 다섯 시간이나 걸려요.
다섯 시간밖에 안 걸려요.

1) 가 : 한 달에 전화 요금이 얼마나 들어요?
나 : ______________________________.

2) 가 : 부산에 몇 번 가 봤어요?
나 : ______________________________.

3) 가 : 모자를 몇 개 가지고 있어요?
나 : ______________________________.

4) 가 : 한국에 온 지 얼마나 됐어요?
나 : ______________________________.

4. 잘 듣고 맞으면 O, 틀리면 × 하세요.

1) 저녁부터 비가 온다고 했다. (　　)

비가 오는데 우산이 없다. (　　)

2) 여름보다 겨울에 삼계탕을 먹는 사람들이 많다. (　　)

삼계탕을 먹으면 여름을 건강하게 보낼 수 있다. (　　)

3) 티누는 아파서 병원에 갔다. (　　)

티누는 세 시 전까지 약속 장소에 온다고 했다. (　　)

5. 친구와 이야기해 보세요.

	이름 :	이름 :
취미가 무엇입니까?		
가장 좋아하는 음식이 무엇입니까?		
그 음식을 만들 수 있습니까?		
주말에는 보통 무엇을 합니까?		
방학에 무엇을 할 것입니까?		

_______ 씨의 취미는 _______(이)라고 합니다.
가장 좋아하는 음식은 _______(이)라고 하고
그 음식을 만들 수 있다/없다고 합니다.
_______ 씨는 주말에 보통 _______다고 합니다.
방학에는 _______거라고 합니다.

읽기

♣ 다음 글을 잘 읽고 질문에 대답하십시오.

어제는 조금 피곤해서 낮잠을 자려고 했는데 집 앞이 너무 시끄러워서 잠을 잘 수가 없었다.

무슨 일이 있는 것 같아서 집 앞으로 나가 봤는데 시장 근처에 사람들이 50명쯤 모여 있었다. 사람들에게 물어보니까 얼마 후에 있을 선거 때문에 정치인이 왔다고 했다. 그래서 사람들이 모두 구경을 나왔다고 했다. 나는 그 정치인에 대해서 잘 몰랐지만 아주 유명한 사람이라고 들었다.

많은 사람들이 그 사람과 악수를 하려고 기다리고 있었다. 그 정치인은 "저를 뽑아 주십시오. 열심히 일하겠습니다. 잘 부탁 드립니다." 하고 말하면서 시장 사람들과 악수를 했다.

하여튼 요즘은 선거 때문에 시끄러워서 참 불편하다. 어제 일을 티누 씨에게 이야기하니까 나한테 이사를 하는 것이 좋겠다고 했다. 그렇지만 벌써 두 번이나 이사를 했는데 또 이사하면 비용이 많이 들어서 힘들 것 같다. 며칠 후에 중요한 시험도 있고 숙제도 많은데 계속 시끄러우면 어떻게 해야 할지 걱정이다. 내일부터는 도서관에 가는 게 좋을 것 같다.

1. 어제 시장은 왜 복잡했습니까?

2. 티누는 왜 다시 이사하는 것이 좋겠다고 말했습니까?

3. 글의 내용과 같은 것을 고르시오.

① 이 사람은 곧 이사를 할 것이다.
② 집 앞 시장에 유명한 영화배우가 왔다.
③ 많은 사람들이 정치인을 보러 시장에 갔다.
④ 이 사람은 지금 살고 있는 집이 아주 마음에 든다.

낮잠	선거	정치인	뽑다	부탁	또

9 면접 보러 가기로 했어

I

함께 일할 사람을 구합니다

'우리서점'에서 아르바이트를 할 학생을 구합니다.

- ▶ 위　　치 : 문화대역에서 걸어서 5분
- ▶ 근무 시간 : 오후 5시-10시, 일요일 휴무
- ▶ 급　　여 : 시급 4천 원
- ▶ 연 락 처 : 354-8877

※ 6개월 이상 일할 수 있는 대학생 누구나 가능합니다.
유학생이면 더욱 좋습니다.

소 영 여보세요? 거기 '우리서점'이죠?

아저씨 네, 맞습니다. 무슨 일로 전화하셨습니까?

소 영 아르바이트 광고를 보고 전화 드렸는데요.

아저씨 실례지만 지금 대학생이신가요?

소 영 네, 문화대학교에 다닙니다.

아저씨 그래요? 그럼 만나서 이야기를 하면 더 좋겠어요. 오후에 면접 보러 올 수 있어요?

소 영 네, 괜찮습니다.

아저씨 그럼, 올 때 이력서를 가지고 오세요.

대답하세요

1. 소영은 어디에서 아르바이트를 하려고 합니까?
2. '우리서점'은 어디에 있습니까?
3. 면접을 보러 갈 때 무엇을 가지고 가야 합니까?

단어와 표현

근무	휴무	급여	시급
연락처	이상	휴학생	더욱
광고	면접	이력서	이하

◉ N 이상 / N 이하

- 한국에서 3년 이상 산 사람을 구한다고 해요.
- 일이 많기 때문에 일할 사람이 10명 이상 필요해요.
- 이번 학기에 장학금을 받을 수 있을까요?
  - 아니요, 점수가 90점 이하인 사람은 받을 수 없습니다.
-

◉ 더욱

- 계란을 넣으면 라면이 더욱 맛있어요.
- 다음 주부터 날씨가 더욱 추워질 것입니다.
- 담배를 많이 피워서 병이 더욱 심해졌습니다.
-

◉ 면접(을) 보다

- 내일 대학교에 입학 면접을 보러 가요.
- 긴장하지 말고 편한 마음으로 면접 보세요.
- 다음 주에 면접 보러 갈 때 입을 옷이에요. 어때요?
-

문법 1 누구나 / 언제나 / 무엇이나 / 어디나 / 어디에서나

- 상우 씨는 언제나 학교에 일찍 와요.
- 불고기는 누구나 좋아하는 음식이에요.
- 이 길이 너무 복잡한 것 같은데 다른 길로 가는 게 어때요?
  – 이 시간에는 어디나 마찬가지예요.

연 습

1. 〈보기〉와 같이 쓰세요.

> 보기 가 : 한국 사람은 다 김치를 좋아하나요?
> 나 : 네, 한국 사람은 누구나 김치를 좋아해요.

1) 가 : 이 도서관에는 문화대학교 학생만 들어갈 수 있나요?
   나 : 아니요, ________ 들어갈 수 있어요.

2) 가 : 이 식당은 무슨 음식이 맛있어요?
   나 : ________ 다 맛있어요.

3) 가 : 이 모임에는 외국인만 가입할 수 있나요?
   나 : 아니요, 스무 살 이상이면 ________ 가입할 수 있어요.

4) 가 : 샤오밍 씨는 무슨 운동을 좋아해요?
   나 : 저는 운동장에서 할 수 있는 운동은 ________ 다 좋아해요.

5) 가 : 이 식당에는 사람이 아주 많군요.
   나 : 네, 점심시간에는 ________ 사람이 많아요.

6) 가 : 이 카드는 한국에서만 사용할 수 있습니까?
   나 : 아니요, 세계 ________ 다 사용하실 수 있습니다.

문법 2 A/V-(으)ㄹ 때

• 소영 씨, 출발할 때 전화해 주세요.
• 저는 화가 날 때는 말을 하지 않아요.
• 가족이 보고 싶을 때마다 사진을 봅니다.

연 습

1. 〈보기〉와 같이 쓰세요.

> 보기 가 : 경주에 가 본 적이 있어요? (살다)
> 나 : 네, 대구에 살 때 가 봤어요.

1) 가 : 방금 밥을 먹었는데 왜 빵을 사요? (배고프다)
   나 : 이따가 ___________ 먹으려고요.

2) 가 : 지난주에 산 구두를 왜 아직 안 신어요? (면접을 보러 가다)
   나 : ___________ 신으려고 아직 신지 않았어요.

3) 가 : 이 식당에 와 본 적이 있어요? (아르바이트하다)
   나 : 네, 친구가 여기서 ___________와 본 적이 있어요.

4) 가 : 언제 부모님이 가장 보고 싶어요? (아프다)
   나 : 몸이 ___________ 가장 많이 보고 싶어요.

5) 가 : 언제 이 사전을 샀어요? (졸업하다)
   나 : 제가 사지 않았어요. ___________ 선생님께서 선물로 주셨어요.

6) 가 : 언제 비행기를 타 봤어요?
   나 : ___________________________.

II

티누 소영아, 이번 방학에 해외 봉사 활동에 참가할 학생을 모집하는데 같이 신청할래?

소영 좋은 기회인데 이번에는 안 될 것 같아.

티누 같이 가면 좋을 텐데 무슨 일 있니?

소영 방학 동안 아르바이트를 해야 될 것 같아. 지난번에는 장학금을 받았는데 이번에는 못 받을 것 같거든.

티누 아르바이트는 구했어? 학교 앞 서점에서 아르바이트 학생을 구하는 광고를 봤는데 한번 가 봐.

소영 그렇지 않아도 오늘 그 서점에 면접 보러 가기로 했어.

티누 그래? 몇 시에 면접 보니?

소영 5시까지 서점에 가기로 했어.

티누 그럼, 면접 잘 보고 끝나면 연락해. 같이 저녁 먹자.

소영 알았어. 금방 끝날 거야. 끝나면 바로 전화할게.

대답하세요

1. 티누는 방학에 무엇을 하려고 합니까?
2. 소영은 왜 아르바이트를 해야 합니까?
3. 두 사람은 오늘 저녁에 무엇을 할 겁니까?

단어와 표현

봉사	활동	참가하다	모집하다
신청하다	금방	바로	스키장
방송국			

◉ 그렇지 않아도

- 주말에 같이 스키장에 갈래?
  - 좋아. 그렇지 않아도 스키를 타 보고 싶었어.
- 오후에 도서관에 가려고 하는데 같이 갈래요?
  - 네, 좋아요. 그렇지 않아도 책을 한 권 빌리려고 했어요.
- 투이 씨, 어디에 가요? 식당에 가는데 같이 갑시다.
  - 네, 그렇지 않아도 배가 고파서 밥 먹으러 가려고 했어요.
-

◉ 금방

- 라면이 금방 끓을 테니까 조금만 기다려 주세요.
- 어떡하죠? 기차 시간에 늦을 것 같아요
  - 택시를 타면 금방 갈 테니까 걱정하지 마세요.
- 소영 씨는 아직 안 왔어요?
  - 금방 올 거예요. 지금 버스에서 내렸다고 했어요.
-

◉ 바로

- 저기 보이는 건물이 바로 방송국이에요.
- 저기 책을 읽고 있는 사람이 바로 상우 씨예요.
- 집 근처에 도착하면 전화해 주세요. 바로 나갈게요.
-

문법 1 A/V-(으)ㄹ 텐데

- 바다에는 사람이 많을 텐데 산으로 갑시다.
- 조금 후에 기차가 출발할 텐데 샤오밍 씨가 왜 아직 안 오지요?
- 지금 강 선생님께 가 볼까요?
  - 지금 가면 안 계실 텐데 오후에 가 봅시다.

연 습

1. 〈보기〉와 같이 질문에 대답하세요.

> 보기 (오늘은 백화점이 복잡하다)
> ⇒ 오늘은 백화점이 복잡할 텐데 내일 가는 게 어때요?

1) (점심시간에 사람이 많다)
   ⇒ ______________________ 이따가 식당에 가는 게 어때요?

2) (김치찌개가 싱겁다)
   ⇒ ______________________ 소금을 더 넣는 게 어때요?

3) (오후에 비가 오다)
   ⇒ ______________________ 우산을 가지고 가세요.

4) (연휴에 기차표를 예매하기 힘들다)
   ⇒ ______________________ 오늘 예매하는 게 어때요?

5) (요즘 건강이 안 좋다)
   ⇒ ______________________ 술을 많이 드셔서 걱정이에요.

6) (사용한 후에는 환불하기 어렵다)
   ⇒ ______________________ 그걸 쓰지 말고 이걸 쓰는 게 어때요?

문법 2 V-기로 하다

- 10시에 학교 앞에서 만나기로 합시다.
- 오늘은 너무 늦었으니까 내일 오전에 다시 모이기로 합시다.
- 이번 방학에 특별한 계획이 있어요?
  - 네, 상우 씨와 제주도로 여행 가기로 했어요.

연 습

1. 〈보기〉와 같이 질문에 대답하세요.

> 보기
> 가 : 이번 주말에 뭐 할 거예요? (친구와 영화를 보다)
> 나 : 주말에 친구와 영화를 보기로 했어요.

1) 가 : 연극 연습은 언제부터 해요? (내일부터 연습하다)
   나 : ______________________.

2) 가 : 면접은 잘 봤어요? 어떻게 됐어요? (다음 주에 연락해 주다)
   나 : 사장님이 ______________________.

3) 가 : 샤오밍 씨, 저녁에 한잔할래요? (술을 안 마시다)
   나 : 미안해요. 올해부터 ______________________.

4) 가 : 소영 씨의 결혼 선물로 뭘 살 거예요? (냉장고를 사 주다)
   나 : ______________________.

5) 가 : 잃어버린 지갑을 언제 찾아볼 거예요? (친구와 오후에 같이 찾다)
   나 : ______________________.

6) 가 : 투이 씨, 휴가에 뭐 하실 거예요? (가족하고 울릉도에 여행 가다)
   나 : ______________________.

종합연습

1. 〈보기〉에서 알맞은 말을 고르세요.

더욱	바로	그렇지 않아도	금방

1) 가 : 그동안 아주 즐거웠어요. 맛있는 음식도 많이 사 주고 좋은 곳에도 데리고 가 줘서 고마워요.
   나 : 아니에요. 다음에 또 놀러 오세요. 조심해서 가시고 고향에 도착하면 ________ 연락 주세요.

2) 가 : 어려운 시험에 합격했으니까 저녁에 축하 파티를 할까요?
   나 : ________ 친구들과 오늘 밤에 우리 집에서 파티하기로 했어요. 소영 씨도 꼭 오세요.

3) 가 : 요즘 날씨가 너무 더워서 잠을 잘 수가 없어요.
   나 : 맞아요. 그런데 다음 주부터 ________ 더워진다고 해서 걱정이에요.

4) 가 : 여보세요? 지금 어디니? 30분이나 지났는데 왜 아직 안 와?
   나 : 미안해. 일이 많아서 좀 늦었어. 지금 학교 근처에 있는데 ________ 도착할 거야. 조금만 기다려 줘.

2. 아래 단어에서 알맞은 말을 골라 〈보기〉와 같이 문장을 만드세요.

파티하다	지내다	쇼핑하다	만나다	마시다

보기 가 : 생일날 뭐 할 거예요?
나 : 우리 집에서 친구들하고 파티하기로 했어요.

1) 가 : 도와주셔서 정말 고마워요. 그래서 오늘 점심을 사고 싶은데 시간 있어요?
   나 : 미안해요. 오후에 아사코 씨하고 시내에 가서 ________. 다음에 사 주세요.

2) 가 : 상우야, 토요일 오후에 한국어 숙제를 도와줄 수 있어?

나 : 응, 토요일에 도서관에서 ______________________________.

3) 가 : 팀 씨는 올해 계획이 뭐예요?

나 : 올해는 술을 ______________________________.

4) 가 : 샤오밍 씨, 요즘 어디서 지내요?

나 : 집을 구할 때까지 팀 씨 집에서 ______________________________.

3. 친구와 대화해 보세요.

질문	대답
집에 혼자 있을 때 보통 무엇을 해요?	
부모님이 보고 싶을 때 어떻게 해요?	
시간이 많을 때 뭘 해요?	
화가 날 때 어떻게 해요?	
저녁에 뭘 먹기로 했어요?	
올해 뭘 하기로 했어요?	
언제까지 한국어를 공부하기로 했어요?	

4. 잘 듣고 물음에 답하세요.

1) 여자는 지금 무엇을 하고 있습니까?

2) 맞으면 ○, 틀리면 × 하세요.

① 여자는 백화점과 식당에서 일을 해 봤습니다. (　　)

② 여자는 평일과 주말에 아르바이트를 할 것입니다. (　　)

③ 여자는 오늘 저녁부터 아르바이트를 할 것입니다. (　　)

④ 이곳에서 일할 사람은 삼 개월 동안 한 시간에 3,500원을 받을 것입니다. (　　)

5. 여러분은 이럴 때 어떻게 하겠습니까? 〈보기〉와 같이 써 보세요.

보기 올해는 담배를 끊기로 했어요. 그래서 한 달 동안 담배를 안 피웠는데 다시 피우고 싶어요.
⇒ 지금 담배를 피우면 정말 끊기가 어려울 텐데 피우지 마세요. 담배를 피우고 싶을 때 오이를 먹으면 좋아요.

1) 다음 주가 친구의 생일이라서 생일 선물을 사야 해요. 그런데 이번 달에는 돈을 많이 써서 선물을 살 돈이 없어요. 그래서 친구의 생일 파티에 가지 않으려고 해요.
⇒ ______

2) 제 친구의 남자 친구가 다른 여자와 함께 있는 것을 봤어요. 친구에게 말하는 것이 좋을까요?
⇒ ______

3) 한국어를 1년 동안 배웠는데 아직도 한국 사람의 말을 잘 이해할 수 없어요. 그래서 고향으로 돌아가려고 해요.
⇒ ______

6. 질문을 보고 아래 단어를 이용해서 대답해 보세요.

◉ 여러분은 어떤 집에서 살고 싶습니까?
언제나 ______
누구나 ______
어디나 ______
무엇이나 ______ 집에서 살고 싶습니다.

◉ 여러분은 어떤 회사에서 일하고 싶습니까?
언제나 ______
누구나 ______
어디나 ______
무엇이나 ______ 회사에서 일하고 싶습니다.

읽기

♣ 다음 글을 잘 읽고 질문에 대답하십시오.

제 직업은 관광 가이드입니다. 관광 가이드는 여행을 하는 사람들에게 관광지를 소개하고 안내해 주는 일을 합니다. 저는 한국으로 여행 온 외국인들에게 관광지를 안내합니다.

저는 대학교에 다닐 때 여행을 좋아해서 여기저기 여행을 많이 다녔습니다. 우리나라는 제주도에서 설악산까지, 안 가 본 곳이 없습니다. 여행을 하면서 외국인에게 아름다운 우리나라를 소개하는 관광 가이드가 되기로 결심했습니다.

외국인 관광객들은 한국에 오면 제주도에 많이 갑니다. 제주도는 우리 나라에서 가장 아름다운 곳이기 때문입니다. 제주도에 가면 저는 외국인들을 꼭 성산포에 데리고 갑니다. 성산포는 드라마 촬영지, 만장굴 등 구경거리가 많습니다. 그중에서도 특히 유람선을 타고 보는 바다의 경치는 너무나 아름다워서 관광객들이 아주 좋아합니다.

요즘은 한국 드라마와 노래가 외국에서 유명해져서 한국을 여행하는 사람들이 더욱 많아졌습니다. 제가 안내한 관광객들이 한국에 다시 오고 싶다고 말할 때 저는 가장 행복합니다. 저는 제 일을 아주 사랑합니다.

1. 이 사람의 직업은 무엇이며 어떤 일을 합니까?

2. 글의 내용과 같은 것을 고르십시오.

① 이 사람은 외국 여행을 많이 합니다.
② 제주도에 가면 말을 탈 수 있습니다.
③ 외국인들은 한국 드라마를 보러 한국에 옵니다.
④ 이 사람은 제주도밖에 여행해 본 곳이 없습니다.

가이드	관광지	안내하다	결심하다	관광객	성산포
만장굴	구경거리	유람선	사랑하다		

10 에어컨을 껐다가 다시 켰어요

I

투이 어서 들어와요. 날씨가 꽤 덥지요?

상우 오늘은 어제보다 더 더운 것 같아요. 어, 에어컨 샀어요?

투이 산 게 아니에요. 어제 친구가 이사 가면서 에어컨을 주고 갔어요.
그렇지 않아도 물어볼 게 있어서 지금 상우 씨에게 전화하려고 했어요.

상우 왜요?

투이 아침에 일어나자마자 에어컨을 켰는데 따뜻한 바람이 나와요.
고장 난 것 같아요. 서비스 센터에 전화할까요?

상우 껐다가 다시 켜 봤어요?

투이 껐다가 켜 봤지만 소용없었어요.

상우 친구가 고장 난 것을 주지는 않았을 거예요. 설명서도 받았어요?
설명서를 보면 뭐가 문제인지 알 수 있을 거예요.

투이 잠깐만요. 여기 설명서가 있어요.
설명서를 읽어 봤는데 어려운 단어가 많아서 잘 모르겠어요.

대답하세요

1. 투이는 왜 상우에게 전화하려고 했습니까?
2. 상우는 왜 설명서를 찾습니까?
3. 투이는 왜 설명서를 이해하지 못했습니까?

단어와 표현

꽤 / 고장 / 서비스 / 소용없다
설명서 / 서다 / 후회하다

◉ 꽤

• 어제 술을 꽤 많이 마신 것 같아요. 아직 회사에 안 나왔어요.
• 학교에서 집까지 얼마나 걸려요?
  – 지하철로 40분쯤 걸리니까 꽤 멀어요.
• 저 두 사람은 얼마 동안 사귀었어요?
  – 글쎄요. 고등학교 때부터 만났으니까 꽤 오래 만났네요.
•

◉ 고장

• 신호등이 고장 나서 20분 동안 서서 기다렸어.
• 어디가 고장이에요?
  – 소리가 잘 안 나와요.
• 왜 이렇게 늦었어요?
  – 미안해요. 오다가 차가 고장 나서 늦었어요.
•

◉ 소용없다

• 지난 일을 후회해도 소용없어요. 빨리 잊도록 하세요.
• 감기가 아직 낫지 않았어요?
  – 네, 약을 먹어도 소용없네요.
• 아저씨, 이 길이 너무 막히는데 다른 길로 가면 어때요?
  – 다른 길로 가도 소용없을 거예요. 이 시간에는 어디나 마찬가지예요.
•

문법 1 V-자마자

- 저 두 사람은 만나자마자 싸우는군요.
- 비행기가 도착하자마자 안내 방송이 나왔어요.
- 식사가 끝나자마자 이를 닦아야 하는 거 알고 있지?

연 습

1. 〈보기〉와 같이 쓰세요.

> 보기 가 : 아이들이 언제 춤을 췄어요? (음악이 나오다)
> 나 : 음악이 나오자마자 춤을 췄어요.

1) 가 : 아침에 일어나면 뭐부터 해요? (세수하다)
   나 : ____________________.

2) 가 : 집에 도착하면 뭐부터 해요? (샤워하다)
   나 : ____________________.

3) 가 : 시험이 끝나면 뭐 하고 싶어요? (집에서 자다)
   나 : ____________________.

4) 가 : 언제 고향에 돌아가요? (졸업하다)
   나 : ____________________.

5) 가 : 언제 결혼할 계획이에요? (취직하다)
   나 : ____________________.

6) 가 : 언제 불을 꺼야 돼요? (공연이 시작하다)
   나 : ____________________.

문법 2 V-았/었다가

- 뮤지컬 표를 예약했다가 취소하려고요.
- 상우는 방금 들어왔다가 다시 나갔는데요.
- 제니퍼랑 시장에 갔다가 딸기가 맛있어 보여서 샀어.

연습

1. 〈보기〉와 같이 질문에 대답하세요.

> 보기 가 : 지금 극장에 가요? (은행에 가다 / 극장에 가다)
> 나 : 아니요, 은행에 갔다가 극장에 갈 거예요.

1) 가 : 새로 산 립스틱을 안 발랐네요. (사다 / 환불하다)
   나 : 네, 색이 너무 진해서 ______________________.

2) 가 : 저 두 사람 아직 헤어지지 않았어요? (헤어지다 / 다시 만나다)
   나 : ______________________.

3) 가 : 너무 힘들어요. (좀 쉬다 / 다시 하다)
   나 : ______________________.

4) 가 : 철수 씨는 회사에 안 왔어요? (출근하다 / 아파서 집에 가다)
   나 : ______________________.

5) 가 : 그 사람을 어디에서 처음 만났어요? (미국에 여행 가다 / 만나다)
   나 : ______________________.

6) 가 : 더운데 창문을 닫았네요. (열다 / 차 소리가 시끄러워서 닫다)
   나 : ______________________.

II

투이 설명서가 여기 있어요.
상우 설명서에 나와 있는 대로 따라서 해 봅시다.

– 설명서 –

<냉방 운전>

1. '운전 선택' 버튼을 눌러 '냉방'에 맞춘다.
2. '운전/정지' 버튼을 누른다.
3. '온도 조절' 버튼을 눌러 희망 온도를 선택한다.
4. 바람의 세기를 '약'과 '강' 중에서 선택한다.

상우 지금 운전 선택 버튼이 냉방이 아니라 난방으로 되어 있네요. 그래서 따뜻한 바람이 나오는 거예요.
투이 그게 무슨 말이에요? 에어컨에서 따뜻한 바람도 나와요?
상우 이 에어컨은 여름에는 에어컨으로 사용했다가 겨울에는 난방기로 사용할 수 있어요. 친구가 정말 좋은 것을 선물했네요.

대답하세요

1. 에어컨에서 왜 따뜻한 바람이 나옵니까?
2. 에어컨의 희망 온도를 어떻게 선택합니까?
3. 겨울에는 에어컨을 무엇으로 사용합니까?

단어와 표현

대로	따르다	선택	버튼
누르다	냉방	맞추다	정지
온도	조절	희망	세기
약	강	난방	난방기
발음			

◉ 따르다

- 내가 부르는 노래를 따라 하세요.
- 선생님을 따라 큰소리로 읽으세요.
- 선생님, 이 단어의 발음이 어려워요.
  – 잘 듣고 따라 해 보세요.
-

◉ 맞추다

- 시계를 5시에 맞추고 잤어요.
- 소영 씨와 투이 씨가 시간을 맞추어 보세요.
- 어머니는 항상 아버지한테 맞추어 음식을 하세요.
-

◉ 무슨 말이에요?

- 너무 피곤해서 자고 싶어요.
  – 무슨 말이야? 내일이 시험 아니야? 공부 안 해?
- 샤오밍이 내일 야구 구경하러 간다고 해.
  – 무슨 말이야? 나랑 같이 박물관에 가기로 약속했는데.
- 손님, 여기 잔돈 2천 원 있습니다.
  – 무슨 말이에요? 제가 만 원을 냈으니까 7천 원을 주셔야 하는데요.
-

문법 1 V-는 대로, N대로

- 설명서대로 따라 해 보세요.
- 그 일에 대해 아는 대로 말해 주세요.
- 어떻게 한국 노래를 배웠어요?
  - 친구가 가르쳐 주는 대로 불렀어요.

연 습

1. 〈보기〉와 같이 질문에 대답하세요.

> 보기 가 : 이 발음을 어떻게 하는지 잘 모르겠어요.
> 나 : 내가 하는 대로 해 보세요. (내가 하다 / 하다)

1) 가 : 불고기를 어떻게 만드는지 모르겠어요. (요리책 / 하다)

   나 : ______________________________.

2) 가 : 그 춤을 어떻게 추는지 모르겠어요. (가수가 추다 / 따라 하다)

   나 : ______________________________.

3) 가 : 스케이트 신발을 어떻게 신는지 모르겠어요. (내가 신다 / 따라서 신다)

   나 : ______________________________.

4) 가 : 문자 메시지를 어떻게 보내는지 모르겠어요. (설명서 / 하다)

   나 : ______________________________.

5) 가 : 어떻게 하면 옷을 예쁘게 입을 수 있을까요?

   (잡지 모델이 입다 / 따라 입다)

   나 : ______________________________.

문법 2 V-아/어 있다

- 저기 앉아 있는 사람이 누구인지 알아요?
- 빨리 오세요. 선생님은 벌써 와 계세요.
- 많이 아프면 누워 있어. 저녁은 내가 준비할게.

연 습

1. 〈보기〉와 같이 질문에 대답하세요.

> **보기** 가 : 제니퍼 씨가 누구예요?
> 나 : 내 옆에 앉아 있는 사람이에요.

1) 

가 : 물고기가 죽었어요?
나 : 아니요, ________________.

2) 

가 : 투이 씨, 이 사진에서 어머니가 누구세요?
나 : 의자에 ____________ 분이세요.

3) 

가 : 샤오밍 씨와 같이 제니퍼 씨 집에 가면 어때요?
나 : 샤오밍 씨는 벌써 제니퍼 씨 집에 ________.

4) 

가 : 여자 친구가 기분이 좋아졌어요?
나 : 아니요, 아직도 ________________.

5) 

가 : 청소 안 하고 하루 종일 소파에 ____________?
나 : 낮잠 좀 자고 청소할게.

종합연습

1. 다음을 이용해서 대화를 완성하세요.

소용없다	그렇지 않아도	고장이다
따르다	무슨 말이에요	

1) 가 : 샤오밍 씨가 병원에 입원했다고 해요. 오늘 같이 가 볼까요?
   나 : ______________ 오늘 병원에 가려고 했어요. 오후에 같이 가요.

2) 가 : 노래를 너무 못 불러서 걱정이에요. 좋은 방법 없어요?
   나 : 노래 테이프를 많이 듣고 ______________. 그럼 잘 할 수 있을 거예요.

3) 가 : 다음 주부터 영어 학원에 다니려고 해요.
   나 : ______________? 샤오밍 씨는 영어를 지금도 잘하는데요.

4) 가 : 라디오에서 소리가 안 나와요. __________인 것 같아요.
   나 : 수리 센터에 전화해 보세요.

5) 가 : 시험 성적이 안 좋아요. 어떻게 하지요?
   나 : 지금 후회해도 ______________. 다음에 더 열심히 하면 돼요.

2. 'V-다가, V-았/었다가'를 사용하여 이야기해 보세요.

1) 다친 적이 있습니까? 왜 다쳤습니까?
   예) 농구를 하다가 다쳤어요.

2) 물건을 잃어버린 적이 있습니까? 언제 잃어버렸습니까?
   예) 학교에 오다가 휴대전화를 잃어버렸어요.

3) 어떤 물건을 샀는데 그 물건을 바꾼 적이 있습니까?

예) 파란색 바지를 샀다가 노란색 바지로 바꾸었어요.

4) 유명한 사람을 만난 적이 있습니까? 어디에서 만났습니까?

예) 부산에 갔다가 바닷가에서 가수를 만났습니다.

3. 다음 문법을 이용해서 대화를 완성하세요.

V-는 대로 / N 대로	V-아/어 있다
V-다가 / V-았/었다가	V-자마자

1) 가 : 투이 씨, 지금 샤오밍 씨 집에 갈까요?

나 : 약속을 하지 않고 ______ 샤오밍 씨가 없으면 어떡해요? 전화하고 가요.

2) 가 : 미영 씨가 요즘 어떻게 지내는지 아세요?

나 : 네, 대학교를 ______ 미국으로 공부하러 갔어요. 벌써 세 달이 넘었네요.

3) 가 : 샤오밍 씨가 많이 다쳤어요?

나 : 일어나지 못하고 침대에 계속 ______다고 해요.

4) 가 : 어떻게 하면 불고기를 맛있게 만들 수 있어요? 특별한 방법이 있어요?

나 : 아니요, 특별한 방법은 없어요. 요리책______ 따라 했어요.

5) 가 : 한국에 온 후 계속 서울에서 살았어요?

나 : 아니요, 부산에서 ______ 5년 전에 서울로 왔어요.

6) 가 : 한국 전통 춤을 배운 적이 없는데 잘할 수 있을지 모르겠어요,

나 : 너무 걱정하지 마세요. 선생님이 ______ 따라 하면 잘할 수 있어요.

4. 콘서트 장소에서 일어난 일을 써 보세요.

보기

1. 서울에 도착하자마자 콘서트 장소에 갔어요.

2. ______________________

3. ______________________

4. ______________________

5. ______________________

6. ______________________

7. ______________________

8. ______________________

9. ______________________

5. 잘 듣고 맞으면 ○, 틀리면 × 하세요.

1) 소영은 난방기 때문에 서비스 센터에 전화했다. (　　)

2) 소영은 설명서에 나와 있는 대로 따라했다. (　　)

3) 소영은 조금 후에 서비스 센터에 가려고 한다. (　　)

4) 설명서가 없어서 서비스 센터에 전화했다. (　　)

읽기

♣ 다음 글을 잘 읽고 질문에 대답하십시오.

1

〈주의 사항〉

1. 안전한 곳에 설치하십시오.
2. 어린이 손에 닿지 않는 곳에 설치하십시오.
3. 좁은 방에서 문을 닫고 사용하지 마십시오.
4. 먼지가 많은 곳이나 물이 있는 곳에 설치하지 마십시오.

1) 위의 글은 무엇에 대한 설명입니까?

① 선풍기　　② 휴대전화　　③ 전자사전　　④ 디지털 카메라

2) 위의 물건을 잘못 사용하는 경우는 무엇입니까?

① 화장실에 설치한다.

② 사용할 때에는 방문을 연다.

③ 어린이의 손이 닿지 않는 곳에 둔다.

2

〈주의 사항〉

1. 운전 중에는 사용하지 마십시오.
2. 어린이 손에 닿지 않도록 하십시오.
3. 사람들이 많은 장소에서는 진동으로 해 주시기 바랍니다.
4. 기차 안이나 비행기 안 등에서는 사용하지 마십시오.

1) 위의 글은 무엇에 대한 설명입니까?

① 선풍기　　② 휴대전화　　③ 전자사전　　④ 디지털 카메라

2) 위의 물건을 설명서대로 사용하는 경우는 무엇입니까?

① 기차 안에서 소리를 작게 한다.

② 자동차 안에서는 사용하지 않는다.

③ 영화관에 들어갈 때 진동으로 바꾼다.

주의　사항　안전하다　설치하다　어린이　닿다
먼지

11 잡채를 만들어 볼까요?

I

잡채 (2인분)

<재료> 당면 70g, 쇠고기 50g, 시금치 20g
당근 1/2개, 양파 1/2개

<양념> 간장, 설탕, 소금, 다진, 마늘, 후추
깨소금, 참기름

1. 쇠고기는 얇게 채를 썰어 양념(간장, 설탕, 다진 마늘, 깨소금, 후추)을 해 놓는다.
2. 시금치는 끓는 물에 데쳐서 참기름, 다진 마늘, 소금을 넣고 무친다.
3. 당근과 양파는 채를 썰어 각각 볶는다. (볶을 때 소금을 조금 넣는다.)
4. 양념한 쇠고기를 프라이팬에 볶는다.
5. 끓는 물에 당면을 넣고 삶는다. 삶은 당면에 참기름과 간장을 넣고 섞는다.
6. 5에 준비해 놓은 모든 재료를 넣고 한 번 더 섞는다.
7. 접시에 잡채를 예쁘게 담는다.

대답하세요

1 잡채의 재료는 무엇입니까?
2 당면을 삶은 후에 어떻게 합니까?

단어와 표현

인분	재료	당면	시금치
당근	간장	다지다	마늘
깨소금	후추	얇다	채
썰다	데치다	무치다	각각
프라이팬	섞다	모든	접시
담다	자리		

◉ 각각

- 빵과 우유를 각각 하나씩 가져가세요.
- 세 사람은 각각 자기 자리에 앉아서 공부했다.
- 모임을 마치고 우리는 각각 집으로 돌아갔습니다.
-

◉ 섞다

- 우유에 커피를 섞으면 커피 우유가 된다.
- 하얀색과 빨간색을 섞으면 분홍색이 됩니다.
- 그 사람은 한국어와 영어를 섞어서 이야기해요.
-

◉ 모든 N

- 내 동생은 집에 있는 모든 책을 다 읽었다.
- 모든 일이 다 잘 될 거예요. 걱정하지 마세요.
- 박 선생님은 친절해서 모든 학생들이 다 좋아해요.
-

조금 더 공부해요

요리 기구

요리 법

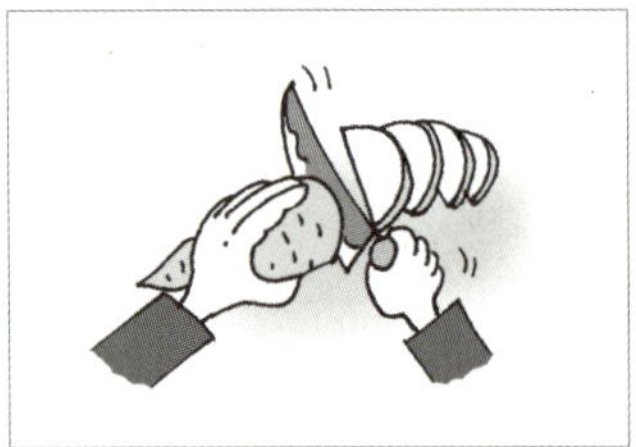

썰다

채(를) 썰다

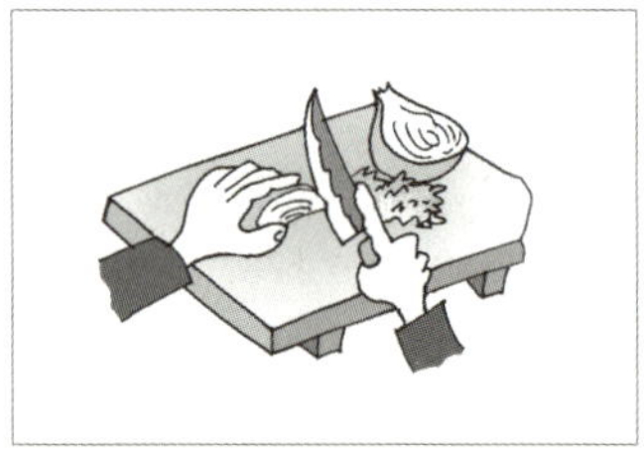

다지다

무치다

볶다

끓이다

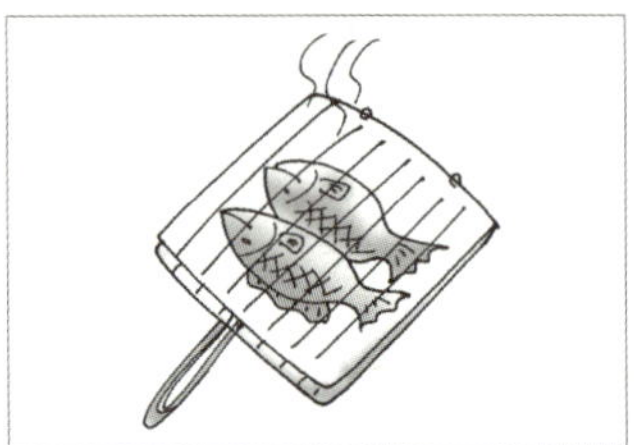

굽다

삶다

튀기다

문법 V-아/어 놓다

- 책에 이름을 써 놓으세요.
- 집에서 나올 때 에어컨을 켜 놓고 나왔어요.
- 주말인데 기차표가 있을까요?
  - 걱정하지 마세요. 내가 어제 예매해 놓았어요.

연습

1. 〈보기〉와 같이 그림을 보고 질문에 대답하세요.

> **보기** 가 : 제 빨간색 지갑을 못 보셨어요? (가방 안, 넣다)
> 나 : 제가 가방 안에 넣어 놓았어요.

1) 가 : 케이크는 언제 만들었어요? (어제, 만들다)
   나 : ______________________________.

2) 가 : 비행기 표를 예약했어요? (지난주, 예약하다)
   나 : ______________________________.

3) 가 : 시원한 음료수 있어요? (냉장고, 넣다)
   나 : ______________________________.

4) 가 : 음식 준비는 다 했어요? (오전, 준비하다)
   나 : ______________________________.

5) 가 : 김 선생님의 전화번호 알아요? (공책, 쓰다)
   나 : ______________________________.

6) 가 : 다음 주 졸업식에서 입을 옷 샀어요?
   나 : ______________________________.

II

비빔밥은 외국 사람들이 아주 좋아하는 한국의 전통 음식이에요. 여러분은 비빔밥을 만들어 본 적이 있어요? 비빔밥은 만들기가 아주 쉬우니까 한번 배워 보세요.

먼저 밥을 맛있게 지어 놓으세요. 프라이팬에 식용유를 넣고 고사리를 볶다가 파, 마늘, 간장, 후추, 참기름을 넣어 다시 볶으세요. 시금치는 끓는 물에 데쳐서 소금과 참기름으로 무쳐 주세요. 데칠 때는 뚜껑을 열고 데쳐야 맛도 좋고 색깔도 예뻐요. 다진 고기는 파, 마늘, 간장, 후추로 양념한 후 볶아 주세요. 그리고 호박을 채 썰어서 소금을 조금 넣고 볶으세요.

그릇에다가 밥을 담고 고사리, 시금치, 고기, 호박을 밥 위에 예쁘게 놓아 주세요. 이제 고추장을 넣고 비벼서 드시면 돼요. 계란 프라이를 넣어서 드셔도 좋아요.

어때요, 쉽지요? 여러분도 한번 만들어 보세요.

대답하세요

1. 비빔밥을 만드는 순서를 말해 봅시다.
2. 시금치를 데칠 때는 어떻게 해야 합니까?
3. 비빔밥을 더 맛있게 먹는 방법은 무엇입니까?

단어와 표현

짓다	식용유	고사리	뚜껑
호박	이제	고추장	비비다
계란	프라이	쌀쌀하다	

◉ 짓다
- 집을 다 지으면 이사를 할 거예요.
- 내 이름은 할아버지께서 지어 주셨다.
- 어머니께서 지어 주신 밥이 제일 맛있어요.
-

◉ 이제
- 이제 수업을 시작합시다.
- 날씨가 이제 좀 쌀쌀해졌어요.
- 이제 한국 생활에 익숙해졌다.
-

◉ 비비다
- 자장면을 잘 비벼서 드세요.
- 사람들이 추워서 손을 비비고 있습니다.
- 밥에 참기름과 간장을 넣고 비벼서 먹으면 맛있어요.
-

문법 1 A/V-아/어야 A/V

• 몸이 건강해야 일도 공부도 열심히 할 수 있다.
• 9시까지 공항에 도착해야 비행기를 탈 수 있어요.
• 이 책은 너무 어려워서 세 번쯤 읽어야 이해할 수 있습니다.

연 습

1. 〈보기〉와 같이 써 보세요.

> 보기 가 : 이 선생님을 만나려면 어디로 가야 해요? (2층 사무실에 가다)
> 나 : 2층 사무실에 가야 이 선생님을 만날 수 있어요.

1) 가 : 그 시험에 합격하려면 몇 점을 받아야 해요? (70점 이상 받다)
나 : ______________________________.

2) 가 : 언제 퇴근할 거예요? (이 일을 다 끝내다)
나 : ______________________________.

3) 가 : 이 옷을 바꾸려면 어떻게 해야 해요? (영수증을 가져가다)
나 : ______________________________.

4) 가 : 언제 택배를 보낼 거예요? (물건을 포장하다)
나 : ______________________________.

5) 가 : 이 스프를 맛있게 먹으려면 뭘 넣어야 해요? (후추를 넣다)
나 : ______________________________.

6) 가 : 도서관에서 책을 빌리려면 어떻게 해야 해요? (학생증을 가져가다)
나 : ______________________________.

문법 2 N에다가

- 여기에다가 이름과 주소를 써 주세요.
- 라면에다가 채소와 계란을 넣으면 맛있어요.
- 학생회관에 있는 서점 전화번호를 아세요?
  - 글쎄요, 114에다가 물어 보세요.

연 습

1. 〈보기〉와 같이 써 보세요.

> **보기** 가 : 이 사전을 어디에 넣을까요? (가방, 넣다)
> 나 : 제 가방에다가 넣어 놓으세요.

1) 가 : 다 쓴 볼펜을 어떻게 할까요? (쓰레기통, 버리다)
   나 : ____.

2) 가 : 꽃을 어디에 놓을까요? (식탁 위, 놓다)
   나 : ____.

3) 가 : 국수를 어디에 담을까요? (이 그릇, 담다)
   나 : ____.

4) 가 : 주말 날씨를 알고 싶으면 어떻게 해야 돼요? (131, 전화하다)
   나 : ____.

5) 가 : 전통 문화 축제에 참가하려면 어떻게 해야 돼요?
   (관광 안내 센터, 전화하다)
   나 : ____.

6) 가 : 학생증을 만들려면 어디에 신청하면 돼요? (사무실, 신청하다)
   나 : ____.

종합연습

1. 〈보기〉와 같이 __________에 들어갈 말을 써 보세요.

> **보기** 아침 식사를 해야 <u>건강에 좋아요</u>.

1) 지금 출발해야 ______________________________.

2) 날씨가 좋아야 ______________________________.

3) 시장에 가야 ______________________________.

4) ____________________아/어야 외국어를 잘할 수 있어요.

5) ____________________아/어야 세계 여행을 갈 수 있어요.

2. 〈보기〉와 같이 'N에다가'를 사용해서 대답하세요.

> **보기**
> 가 : 한국어 책이 어디에 있어요?
> 나 : <u>가방에다가 한국어 책을 넣어 놓았어요</u>.

1)

가 : 가방을 어디에 놓으면 돼요?

나 : ______________________________.

2)

가 : 이 소포를 어디에 놓을까요?

나 : ______________________________.

3)

가 : 불이 나면 어디로 전화해야 해요?

나 : ______________________________.

4)

가 : 이 주스를 어디에 넣을까요?

나 : ______________________________.

3. 'V-아/어 놓다'를 사용해서 문장을 만들어 보세요.

1) 가 : 불고기를 어디에다가 담아 놓을까요?

나 : ____.

2) 가 : 이 블라우스를 어디에 넣어 놓을까요?

나 : ____.

3) 가 : 다음 주가 설날인데 기차표가 있을까요?

나 : ____.

4) 가 : 왜 이렇게 방이 더워요?

나 : ____.

5) 가 : 김 선생님 전화번호를 알고 있어요?

나 : ____.

4. 'A/V-아/어야 A/V'를 사용해서 친구와 같이 이야기해 보세요.

1) 어떻게 해야 멋있는 모델이 될 수 있어요?

2) 어떻게 해야 유명한 요리사가 될 수 있어요?

3) 어떻게 해야 좋은 선생님이 될 수 있어요?

4) 어떻게 해야 영화배우가 될 수 있어요?

5) 어떻게 해야 회사 사장이 될 수 있어요?

6) 어떻게 해야 좋은 부모가 될 수 있어요?

5. 알맞게 골라서 넣으세요.

짓다	비비다	섞다	담다

1) 불고기는 큰 접시에, 김밥은 작은 접시에 (   ) 주세요.

2) 집을 다 (   ) 이사를 할 거예요.

3) 카드를 잘 (   ) 후 게임을 시작하세요.

4) 밥에다가 나물, 계란 프라이, 참기름을 넣고 (   ) 맛있는 비빔밥이 돼요.

6. 잘 듣고 맞으면 ○, 틀리면 × 하세요.

1) ① 여자는 지금 자취를 하고 있다. (   )
② 남자는 매일 혼자 밥을 지어 먹는다. (   )
③ 여자는 남자에게 요리를 가르쳐 줄 것이다. (   )
④ 남자는 패스트푸드를 많이 먹어서 건강이 나빠졌다. (   )

2) 소영이 잘 만드는 음식은 무엇입니까?

7. 여러분의 고향 음식을 소개해 보세요.

음식 이름	
재료	
만드는 방법	

읽기

♣ 다음 글을 잘 읽고 질문에 대답하십시오.

오늘 여러분의 기분은 어떠십니까? 우울하십니까? 걱정이 있으십니까? 기분이 안 좋을 때 많은 사람들은 술을 마시거나 담배를 피웁니다. 그런데 술이나 담배는 건강에 좋지 않지요. 오늘은 음식으로 기분을 조절하는 몇 가지 방법을 가르쳐 드리겠습니다.

우울할 때에는 초콜릿을 조금만 먹어 보십시오. 초콜릿을 먹으면 기분이 안정되고 좋아집니다. 걱정이 있을 때에는 감자나 스파게티 또는 빵을 먹어 보십시오. 탄수화물은 기분이 갑자기 변하지 않게 해 줘서 여러분의 건강을 지켜 줄 것입니다. 슬플 때에는 바나나 같은 부드러운 음식이 좋고 화가 날 때에는 파인애플 주스나 배 주스와 같은 단 것이 좋습니다. 단 음식은 여러분의 날카로워진 기분을 잘 조절해 줄 것입니다. 공부를 할 때에는 박하 차나 박하사탕이 좋습니다. 박하 맛은 여러분에게 안정을 줄 것이며 한 가지 일에 집중할 수 있도록 도와줄 것입니다.

이렇게 우리 주위에서 쉽게 구할 수 있는 음식들을 잘 이용하면 기분을 좋게 바꿀 수 있습니다.

1. 글의 내용과 같은 것을 고르십시오.
   ① 슬플 때는 단 음식이 좋다.
   ② 초콜릿은 걱정을 잊게 해 준다.
   ③ 배 주스는 기분을 잘 조절해 준다.
   ④ 시험 공부할 때는 감자를 먹으면 좋다.

2. 위의 글은 무엇에 대한 내용입니까?
   ① 기분을 좋아지게 하는 방법
   ② 술이나 담배를 줄이는 방법
   ③ 음식으로 건강을 지키는 방법
   ④ 음식으로 기분을 조절하는 방법

3. 여러분은 우울하거나 화가 날 때 어떤 음식을 먹습니까?

우울하다	방법	초콜릿	안정	탄수화물
날카롭다	박하	박하사탕	집중하다	

12 다음 주말에 설악산에 갈까 해요

I

샤오밍 다음 주말에 설악산에 갈까 해요.
소 영 방은 미리 예약했어요? 휴가철인데 예약할 수 있을지 모르겠네요.
샤오밍 아니요, 아직 안 했어요.
소 영 그럼 빨리 호텔에 전화해 보세요.

* *

안내원 하나호텔입니다. 무엇을 도와 드릴까요?
샤오밍 다음 주 토요일에 예약이 가능한가요?
안내원 네, 고객님. 가능합니다. 침대방과 온돌방 중 어느 방을 예약하시겠습니까?
샤오밍 온돌방이 좋겠어요. 참, 방을 예약하면 숙박 요금에 아침 식사도 포함되나요?
안내원 죄송합니다, 고객님. 조식은 포함되지 않습니다. 그렇지만 저희 호텔의 식당을 이용하시면 10퍼센트 할인 받으실 수 있습니다. 그리고 스포츠센터나 사우나 등의 각종 부대시설도 저렴한 가격에 이용하실 수 있습니다. 지금 예약하시겠습니까?

대답하세요

1. 샤오밍은 다음 주말에 무엇을 하려고 합니까?
2. 샤오밍은 왜 호텔에 전화를 했습니까?
3. 호텔에서 어떤 부대시설을 이용할 수 있습니까?

단어와 표현

미리	예약하다	고객	온돌방
숙박	조식	저희	이용하다
퍼센트	사우나	각종	부대시설
저렴하다	다녀오다	대여점	

◉ 미리

- 미리 만나서 발표 준비를 하는 게 좋을 것 같아요.
- 해외여행을 가려면 여권을 미리 만들어 놓아야 해요.
- 그 연극이 인기가 많다고 들었는데 표를 어떻게 구했어요?
  - 한 달 전에 표를 미리 사 놓았어요.
-

◉ 이용하다

- 출근 시간에는 지하철을 이용하세요.
- 휴가철을 이용해서 설악산에 다녀오려고 합니다.
- 요즘은 책 대여점을 이용해서 책을 빌려서 보는 사람들이 많습니다.
-

◉ 각종

- 시장에서는 수박이나 딸기, 귤 등의 각종 과일들을 싸게 팝니다.
- 인터넷으로 옷이나 신발, 화장품 등 각종 물건들을 싸게 살 수 있습니다.
- 우리 할아버지 집에 가면 요즘 보기 힘든 각종 옛날 물건들이 많이 있다.
-

문법 1 V-(으)ㄹ까 하다

- 내일부터 태권도를 다시 시작해 볼까 하는데 같이 할래요?
- 외국인 친구에게 재미있는 한국 영화를 하나 보여 줄까 한다.
- 여름 휴가에 울릉도에 갈까 해서 주말마다 아르바이트를 하고 있어요.

연 습

1. 〈보기〉와 같이 쓰세요.

> 보기 가 : 주말에는 뭐 할 거예요?
> 나 : 할아버지 생신이라서 고향에 갈까 해요.

1) 가 : 한국에서 계속 공부하실 건가요?

   나 : 졸업하면 ______________________.

2) 가 : 운동화와 모자를 어디에서 사려고 해요?

   나 : 백화점은 비싸니까 ______________________.

3) 가 : 소영 씨, 방학을 하면 나랑 우리 고향에 갈래요?

   나 : 미안해요. 이번 방학에는 ______________________.

4) 가 : 점심으로 잡채밥을 먹을까 하는데 같이 갑시다.

   나 : 미안해요. ______________________.

5) 가 : 친구 생일 선물로 무엇을 살 거예요?

   나 : 친구가 한국 가수를 좋아하니까 ______________________.

6) 가 : 오늘 특별한 계획 있어요?

   나 : ______________________.

문법 2 V-(으)ㄹ 수 있을지 모르겠다(걱정이다)

- 지갑을 잃어버렸는데 찾을 수 있을지 걱정이에요.
- 요즘 이사 철이라서 방을 구할 수 있을지 걱정입니다.
- 비가 많이 와서 비행기가 출발할 수 있을지 모르겠네요.

연 습

1. 〈보기〉와 같이 쓰세요.

> **보기** 가 : 내일 여행을 갈 수 있어요?
> 나 : 비가 와서 갈 수 있을지 걱정이에요.

1) 가 : 이 일을 혼자 다 해야 해요?
   나 : 네, 그런데 일은 많고 시간은 없어서 ____________ 걱정이에요.

2) 가 : 주말에 같이 영화를 볼까요?
   나 : 고향에서 부모님이 오시는데 ____________ 모르겠어요.

3) 가 : 시간이 없으니까 택시를 탈까요?
   나 : 출근 시간이라서 ____________ 걱정이네요.

4) 가 : 내일은 모두 한복을 입고 와야 해요.
   나 : 한복이 없는데 ____________ 모르겠네요.

5) 가 : 이번에는 설악산 정상까지 올라갈 거예요?
   나 : 너무 더워서 ____________ 걱정이에요.

6) 가 : 수업 후에 노래방에 가려고 하는데 같이 가요.
   나 : ____________ 모르겠어요.

II

직 원 안녕하세요? 행복여행사입니다. 무엇을 도와 드릴까요?

제니퍼 12월 30일에 시민회관에서 출발하는 '스키 사랑' 상품에 대해 자세히 알고 싶어요.

직 원 죄송합니다, 고객님. '스키 사랑' 상품은 벌써 예약이 다 끝났습니다. 그 상품 대신 12월 27일에 출발하는 '스키 가족' 상품은 어떠십니까?

제니퍼 '스키 가족'은 어떤 상품인가요?

직 원 '스키 가족'은 4명 이상의 가족이 이용하실 수 있는 스키 여행 상품입니다. 이 상품에는 왕복 교통비와 리프트 이용권이 포함되어 있습니다. 게다가 스키를 20% 싸게 대여할 수 있습니다.

제니퍼 그 상품은 가족만 이용할 수 있나요?

직 원 아니에요. 4명 이상이면 예약이 가능합니다.

제니퍼 그런데 제 친구는 스키를 타 본 적이 전혀 없는데…….

직 원 스키를 타지 못하시는 분들께는 무료로 가르쳐 드립니다.

제니퍼 네, 알겠습니다. 친구들과 이야기해 보고 다시 전화하겠습니다.

대답하세요

1. 제니퍼는 어디에 가려고 합니까?
2. 제니퍼는 왜 '스키 사랑' 상품을 이용할 수 없습니까?
3. '스키 가족'은 어떤 상품입니까?

단어와 표현

여행사	시민회관	상품	벌써
왕복	교통비	리프트	이용권
게다가	대여	전혀	거의
무료	엊그제	양	입장료

◉ 벌써

- 한국에 유학 온 지 벌써 1년이 되었어요.
- 제니퍼 씨가 입학한 지 엊그제 같은데 벌써 졸업을 해요.
- 벌써 서울에 도착했어요?
  - 네, KTX를 타면 부산에서 서울까지 두 시간 반쯤 걸려요.
-

◉ 게다가

- 오늘은 춥고 비가 왔어요. 게다가 바람도 많이 불었어요.
- 그 배우는 키도 크고 얼굴도 잘생겼어요. 게다가 노래도 잘해요.
- 이 식당의 불고기는 싸고 맛있어요. 게다가 양도 많아서 자주 와요.
-

◉ 무료

- 5세 이하 어린이는 입장료가 무료입니다.
- 백화점에서 한 달에 한 번씩 무료로 요리를 가르쳐 줍니다.
- 저 미용실에서는 할아버지, 할머니들께 무료로 머리를 잘라 줍니다.
-

문법 1 V-는 대신, N 대신

- 백화점에서 옷을 사는 대신 인터넷으로 사면 편합니다.
- 이번 주말에 일을 하는 대신 다음 주에는 휴가를 주세요.
- 나는 감기에 걸려서 맥주 대신 오렌지 주스를 한 잔 마셨다.

연 습

1. 〈보기〉와 같이 질문에 대답하세요.

> 보기 가 : 축구하러 갈까요? (수영)
> 나 : 날씨가 더우니까 축구하러 가는 대신 수영하러 갑시다.

1) 가 : 오늘 오후에 영화 보러 갈래? (뮤지컬)
나 : ________________________________.

2) 가 : 오늘 점심에는 햄버거를 먹으러 갑시다. (칼국수)
나 : ________________________________.

3) 가 : 이 노란색 셔츠를 살까요? (하얀색)
나 : ________________________________.

4) 가 : 제니퍼 씨 집에 꽃을 사 갈까요? (케이크)
나 : ________________________________.

5) 가 : 제주도에 비행기를 타고 갈까요? (배)
나 : ________________________________.

6) 가 : 팀 씨에게 한국어 책을 선물할까요? (한국어 사전)
나 : ________________________________.

문법 2 전혀 안/못 V, 거의 안/못 V

- 너무 더워서 어제는 잠을 거의 못 잤어요.
- 내가 전혀 모르는 사람이 오늘 학교에서 나에게 인사를 했다.
- 한국에 온 지 1년이 다 되었는데 매운 음식은 아직도 거의 못 먹어요.

연 습

1. 〈보기〉와 같이 질문에 대답하세요.

> **보기** 가 : 친구들을 자주 만나요?
> 나 : 아니요, 전혀 못 만나요.
> 아니요, 거의 못 만나요.

1) 가 : 극장에 자주 가요?
 나 : 아니요, ______________________.

2) 가 : 한국 음식을 잘 만드세요?
 나 : 아니요, ______________________.

3) 가 : 고향에 자주 전화해요?
 나 : 아니요, ______________________.

4) 가 : 이 책 다 읽었어요?
 나 : 아니요, ______________________.

5) 가 : 친구들을 만나면 술을 가끔 마셔요?
 나 : 아니요, ______________________.

6) 가 : 발표 준비는 잘하고 있어요?
 나 : 아니요, ______________________.

종합연습

1. 알맞은 단어를 골라서 문장에 맞게 쓰세요

미리	벌써	게다가	무료로	각종	대신

1) 커피 ________ 오렌지 주스를 드세요. 감기에는 오렌지 주스가 좋아요.

2) 그 가수는 인기가 많아서 콘서트 표가 ________ 다 매진되었다.

3) 그 식당은 음식 값이 비싸요. ________ 음식 맛도 좋지 않아요.

4) 학생증이 있으면 학교에서 하는 공연을 ________ 볼 수 있다.

5) 사고 싶은 물건은 ________ 인터넷으로 보고 사러 가면 좋아요.

6) 외국인들이 자주 이용하는 학교 서점에는 ________ 한국어 책들이 많다.

2. 다음 문법을 이용해서 대화를 완성하세요.

전혀/거의 안/못 V	V-(으)ㄹ까 하다	V-는 대신
V-(으)ㄹ 수 있을지 모르겠다		

1) 가 : 오늘 저녁에 술 마시러 갈까요?
   나 : 미안해요. 저는 술을 ________________.

2) 가 : 방학 동안 나랑 요가를 배우러 다닐래요?
   나 : 미안해요. 저는 방학 동안 ________________.

3) 가 : 오후에 산에 가려고 하는데 같이 갈래요?
   나 : 네, 그렇지만 날씨가 안 좋아서 ________________.

4) 가 : 선생님 댁에 갈 때 맥주를 사 갈까요?
   나 : 선생님은 술을 전혀 못하시니까 ________________.

3. 친구와 이야기해 보세요.

항상								
자주								
보통								
가끔								
거의								
전혀								

1) 얼마나 자주 하세요?

① 담배를 피우세요? - 아니요, 전혀 안 피워요.

② 감기에 자주 걸리세요?

③ 집 청소를 자주 하세요?

④ 학교에 자주 결석하세요?

⑤ 집에서 예습, 복습을 해요?

⑥ 건강을 위해서 운동을 하세요?

2) 이런 적이 얼마나 자주 있어요?

① 길에서 넘어진 적 있어요? - 네, 가끔 있어요.

② 약속을 안 지킨 적 있어요?

③ 지난 일을 후회한 적 있어요?

④ 친구의 이름을 잊은 적이 있어요?

⑤ 버스나 지하철을 잘못 탄 적이 있어요?

⑥ 시험을 볼 때 이름을 안 쓴 적이 있어요?

⑦ 저녁부터 다음 날 아침까지 계속 공부한 적 있어요?

4. 잘 듣고 맞으면 ○, 틀리면 × 하세요.

1) 여기는 가게이다. (　　)

12명이 모두 전화로 예약했다. (　　)

2) 여기는 미용실이다. (　　)

남자는 예약을 하지 않고 왔다. (　　)

3) 여기는 약국이다. (　　)

내일 오전 열 시로 예약했다. (　　)

5. 어떻게 하면 좋을까요? 친구들에게 물어 봅시다.

무슨 일이에요?	이렇게 하세요
스파게티를 만들려고 하는데 국수가 없다	라면 국수를 이용한다
모자가 필요한데 사러 갈 시간이 없다	
산에 가야 하는데 운동화가 없다	
모임에 입고 갈 옷이 없다	

6. '-(으)ㄹ 수 있을지 모르겠다'를 이용해서 대화를 완성하세요.

1) 가 : 두 달 후에는 졸업인데 ______________________.
   나 : 조금만 기다려 보세요. 좋은 회사에 취직할 수 있을 거예요.

2) 가 : 지갑을 잃어버렸는데 ______________________.
   나 : 분실물 센터에 한번 가 보세요.

3) 가 : 그 공연은 인기가 많아서 ______________________.
   나 : 인터넷으로 표가 있는지 확인해 보세요.

4) 가 : 지난주에 불고기 만드는 법을 배웠는데 ______________________.
   나 : 괜찮아요. 배운 대로 만들면 맛있을 거예요.

5) 가 : 시간이 없는데 ______________________.
   나 : ______________________.

읽기

♣ 다음 글을 잘 읽고 질문에 대답하십시오.

> 오늘 상우와 제니퍼는 책과 비디오를 빌리러 갔다. 두 사람은 만화와 영화를 좋아한다. 그래서 수업 후에 만화책이나 비디오를 자주 빌려 본다.
>
> 요리 만화를 좋아하는 제니퍼에게 상우는 허영만이 그린 '식객'을 추천해 주었다. 상우는 '식객'은 한국의 전통 요리들을 자세히 소개하고 있고 만화책에 나오는 각종 요리들을 보면 정말 맛있어 보인다고 했다. 제니퍼는 상우의 말을 듣고 이번에는 '식객'을 보기로 했다. 상우는 와인을 좋아해서 '신의 물방울'을 보고 싶었다. '신의 물방울'은 일본 만화인데, 와인에 대한 이야기이다.
>
> 그런데 두 사람은 책장에서 '식객'과 '신의 물방울'을 찾을 수가 없었다. 그 책들은 인기가 많아서 모두 대여 중이었다. 제니퍼는 만화책 대신 DVD를 빌렸다. 만화 '식객'이 영화로도 만들어졌기 때문이다. 상우는 '신의 물방울'을 빌리지 못하고 예약해 놓았다. 제니퍼는 '식객'을 다 본 후에 상우에게 빌려주기로 했다.

1. 여기는 어디입니까?

① 도서관 ② 서점 ③ 영화관 ④ 책·비디오 대여점

2. 글의 내용과 같은 것을 고르십시오.

① '식객'은 요리책이다.
② 상우는 '신의 물방울'을 빌렸다.
③ '신의 물방울'은 와인에 대한 책이다.
④ 제니퍼는 극장에서 '식객'을 볼 것이다.

3. 여러분이 좋아하는 만화책에 대해 이야기해 봅시다.

식객	추천하다	신	와인

13 시험 치는 날에는 미역국을 먹지 말라고 했어요

I

오늘은 한국어 쓰기 시험이 있었다. 새벽에 일어나서 공부하려고 어젯밤에는 열 시쯤 누웠다. 나는 시험 때문에 걱정이 되어서 잠이 오지 않았다. 지난번 시험을 잘 못 봐서 이번 시험은 잘 치고 싶었다.

나는 자다가 자명종 소리를 듣고 일어났다. 아홉 시 반이었다. 한국어 시험은 열 시에 시작하는데 집에서 학교까지 버스로 이십 분쯤 걸린다. 그래서 나는 세수도 하지 않고 정류장으로 뛰어갔다. 그런데 버스가 오지 않았다. 빈 택시도 없었다. 그리고 갑자기 도로 위의 차들이 모두 사라졌다. 어떻게 된 일일까? 나는 무서워서 울었다. 그때 룸메이트가 내 이름을 불렀다. 나는 깜짝 놀라서 눈을 떴다. 꿈이었다.

친구는 일어나서 빨리 학교에 가자고 했다. 아홉 시였다. 우리는 둘 다 꿈에서처럼 지각할 뻔했다.

대답하세요

1. '나'는 어젯밤에 왜 일찍 자려고 했습니까?
2. 한국어 시험은 몇 시에 시작합니까?
3. '나'는 왜 이런 꿈을 꿨습니까?

단어와 표현

자명종	도로	사라지다	무섭다
놀라다	꿈	지각하다	뻔하다
속	구름	어둡다	

◉ 사라지다

- 내 사전이 사라졌다. 누가 가져 갔을까?
- 해가 바다 속으로 천천히 사라지고 있었다.
- 달이 구름 속으로 사라져서 사방이 금방 어두워졌다.
-

◉ 어떻게 된 일이에요?

- 어떻게 된 일이에요? 연락이 안 돼서 걱정했어요.
- 투이가 갑자기 베트남으로 돌아간다고 해. 어떻게 된 일인지 알아?
- 오늘은 날씨가 안 추웠는데 하늘에서 눈이 내렸다. 어떻게 된 일이지?
-

◉ 놀라다

- 나는 무서운 꿈 때문에 놀라서 일어났다.
- 말도 안 하고 뒤에 와 있으면 어떡해요? 깜짝 놀랐어요.
- 비가 오는 날 빈 강의실에 혼자 있었는데 갑자기 불이 꺼져서 깜짝 놀랐다.
-

문법 1 V-자고 하다

- 다음에는 만두를 만들어 보자고 했다.
- 같이 사는 친구가 이번 주말에 방 청소 좀 하자고 했다.
- 저녁에 약속 있니?
  - 응, 투이가 운동화를 사러 가는데 같이 가자고 했어.

연 습

1. 〈보기〉와 같이 쓰세요.

> 보기 아사코 : "내일 아침 일찍 도서관에서 만나요."
> → 아사코 씨가 내일 아침 일찍 도서관에서 만나자고 했다.

1) 팀 : "설날에 선생님께 인사를 드리러 갑시다."

→ ________________.

2) 제니퍼 : "오늘은 비도 오고 바람도 많이 부니까 산에 가지 맙시다."

→ ________________.

3) 상우 : "건강에 좋으니까 일주일에 세 번씩 같이 운동해요."

→ ________________.

4) 투이 : "어제 비빔밥을 먹었으니까 오늘은 떡볶이를 먹으러 가자."

→ ________________.

5) 소영 : "오늘은 저녁에 팀 씨가 좋아하는 잡채를 만들어 봐요."

→ ________________.

6) 동생 : "형, 편의점에 라면이랑 음료수 사러 가자."

→ ________________.

7) 샤오밍 : "더우니까 창문을 엽시다."

→ ________________.

문법 2 V-(으)ㄹ 뻔하다

• 밤에 산 속을 혼자 걸어가는데 무서워 죽을 뻔했다.
• 공원에 사람이 너무 많아서 아이를 잃어버릴 뻔했어요.
• 지하철에서 책을 읽다가 시청 역에서 못 내릴 뻔했습니다.

연 습

1. 〈보기〉와 같이 쓰세요.

> **보기** 가 : 11시 영화인데 10시 58분에 영화관에 도착했어요. (늦다)
> 나 : 늦을 뻔했네요.

1) 가 : 기차 출발 시간 5분 전에 역에 도착했어요. (고향에 못 가다)
나 : ______________________________.

2) 가 : 휴대폰을 잃어버렸는데 친구가 찾아 줬어요.
(휴대폰을 새로 사다)
나 : ______________________________.

3) 가 : 지하철이 출발하려고 해서 뛰어가서 탔어요. (지하철을 놓치다)
나 : ______________________________.

4) 가 : 선생님하고 같이 강의실에 도착했어요. (지각하다)
나 : ______________________________.

5) 가 : 시험이 열 시에 있는데 방금 도착했어요. (시험을 못 치다)
나 : ______________________________.

6) 가 : 길을 몰라서 친구에게 전화했어요. (약속 시간에 늦다)
나 : ______________________________.

II

샤오밍 한국에서는 시험 치는 날 미역국을 안 먹어요?

소 영 네, 그런데 어떻게 알았어요?

샤오밍 아까 상우 씨가 미역국을 안 먹어서 제가 왜 안 먹느냐고 물어봤어요. 그러니까 상우 씨가 시험이 있다고 했어요.

소 영 맞아요. 한국 사람들은 시험 보는 날 미역국처럼 미끌미끌한 음식을 먹으면 시험에 떨어진다고 해요. 그래서 어른들이 먹지 말라고 하세요.

샤오밍 재미있네요. 우리나라에서는 삶은 계란 한 개는 안 먹어요. 중국에서는 계란 한 개를 먹으면 영점을 받는다고 해요.

소 영 그래요? 우리는 시험을 치는 사람에게 찹쌀떡과 엿을 선물해요. 그걸 먹으면 시험에 붙을 거라고 해요. 고등학교 때에는 나도 그 말을 믿고 시험이 있으면 엿을 꼭 먹었어요. 나중에 샤오밍 씨가 입학시험을 칠 때 엿을 사 줄게요.

대답하세요

1. 상우는 왜 미역국을 안 먹었습니까?
2. 중국에서는 시험 때 왜 삶은 계란 한 개는 안 먹습니까?
3. 한국에서는 시험 치는 사람들에게 어떤 선물을 많이 합니까?

단어와 표현

아까	미끌미끌하다	떨어지다	영점
찹쌀떡	엿	붙다	믿다
나중에	입학시험	종교	

◉ 아까

- 아까 먹은 팥빙수 때문에 배가 아파요.
- 샤오밍 씨와 아까 무슨 이야기를 했어요?
- 아까 사무실에 갔는데 선생님이 안 계셨어요.
-

◉ 시험에 붙다(↔떨어지다)

- 시험에 붙으려면 어떻게 공부해야 해요?
- 면접시험에 붙어서 다음 주부터 회사에 출근합니다.
- 제 동생이 입학시험에 떨어져서 요즘 기분이 안 좋아요.
-

◉ 믿다

- 무슨 종교를 믿어요?
- 그 회사에서 만든 제품은 믿을 수 있어요.
- 저는 다른 사람들의 말을 잘 믿는 편이에요.
-

◉ 나중에

- 지금은 바쁘니까 나중에 만나서 이야기합시다.
- 먼저 드세요. 저는 배가 불러서 나중에 먹겠어요.
- 김 선생님은 지금 안 계시니까 나중에 다시 전화해 주세요.
-

문법 1 A/V-(으/느)냐고 하다[묻다], N-(이)냐고 하다[묻다]

- 남자친구가 오늘은 기분이 어떠냐고 물었다.
- 샤오밍 씨가 나한테 추석에 뭐 하느냐고 물어봤어요.
- 박 선생님이 상우에게 어제 왜 일찍 집에 갔느냐고 하셨어요.

연습

1. 〈보기〉와 같이 쓰세요.

> 보기 소영 : "내일 산에 갈 거예요?"
> → 소영 씨가 내일 산에 갈 거냐고 물었어요.

1) 제니퍼 : "몇 살이에요?"

→ ______________________________.

2) 투이 : "시청에 가려면 어떻게 가야 해요?"

→ ______________________________.

3) 샤오밍 : "아직도 비가 와?"

→ ______________________________.

4) 상우 : "작년에 한국에 왔을 때도 태권도를 배웠어요?"

→ ______________________________.

5) 아사코 : "화장실이 어디 있어요?"

→ ______________________________.

6) 소영 : "삼계탕을 만들려면 무슨 재료가 필요해요?"

→ ______________________________.

문법 2 V-(으)라고 하다

- 투이 씨가 저녁에 전화해 달라고 했어요.
- 선생님이 수업시간에 이야기하지 말라고 하셨어요.
- 나는 매일 밤마다 부모님께 안녕히 주무시라고 인사를 드린다.

연 습

1. 〈보기〉와 같이 쓰세요.

> 보기 아저씨 : "여기에 주차하지 마세요."
> → 아저씨가 여기에 주차하지 말라고 하셨어요.

1) 상우 : "이 책을 투이 씨에게 주세요."

→ ______________________________.

2) 투이 : "전화를 끊지 마세요."

→ ______________________________.

3) 샤오밍 : "물 좀 줘."

→ ______________________________.

4) 부모님 : "길 건널 때 차 조심해."

→ ______________________________.

5) 제니퍼 : "더우니까 창문 좀 열어 줘."

→ ______________________________.

6) 친구 : "1호선을 타고 가다가 시청역에서 2호선으로 갈아타세요."

→ ______________________________.

7) 선생님 : "그 문제에 대해서 더 이야기하지 마세요."

→ ______________________________.

종합연습

1. 다음 문법을 이용해서 대화를 완성하세요.

V-자고 하다	V-(으)라고 하다	A/V-(으/느)냐고 하다[묻다]

1) 선생님 : "수업시간에 중국말로 이야기하지 마세요."

가 : 선생님이 뭐라고 하셨어요?

나 : ______________________________.

2) 제니퍼 : "한국어 사전 좀 빌려 줘."

가 : 제니퍼 씨가 뭐라고 했어요?

나 : ______________________________.

3) 직원 : "내일까지 사진 두 장을 가져오세요."

가 : 직원이 뭐라고 했어요?

나 : ______________________________.

4) 팀 : "내일 시험에 16과도 포함돼요?"

가 : 팀 씨가 뭐라고 했어요?

나 : ______________________________.

5) 아사코 : "오늘 저녁에 베트남 쌀국수를 먹으러 갑시다."

가 : 아사코 씨가 뭐라고 했어요?

나 : ______________________________.

6) 외국인 : "대구서점이 어느 쪽에 있어요?"

가 : 외국인이 뭐라고 물었어요?

나 : ______________________________.

7) 투이 : "지영이가 화를 내면 무서워?"

가 : 투이 씨가 뭐라고 물었어요?

나 : ______________________________.

2. 여러분은 언제 이런 일이 있었어요? 자세히 이야기해 보세요.

1) 깜짝 놀라서 소리칠 뻔했어요.

2) 많은 사람들 앞에서 울 뻔한 적이 있어요.

3) 비싼 물건을 잃어버릴 뻔했어요.

4) 죽을 뻔한 적이 있어요.

5) ______________________ 뻔한 적이 있어요.

3. 다음 이야기를 읽고 대화로 바꾸십시오.

친구가 오늘이 생일이라고 했다. 나는 친구에게 생일 축하한다고 말했다. 그리고 친구에게 점심을 같이 먹자고 했다. 친구는 피자가 먹고 싶다고 했다. 나도 좋다고 했다.

나는 친구에게 무슨 선물을 받고 싶으냐고 물어보았다. 친구는 선물은 필요 없다고 했다. 나는 어디에서 만나면 좋겠느냐고 물어보았다. 친구가 백화점 앞에서 보자고 했다.

친구 : 오늘은 내 생일이야.

나 : 축하해. ______________________.

친구 : ______________________.

나 : 좋아. 참, 무슨 선물을 ______________________?

친구 : 선물은 ______________________.

나 : 그러면 ______________________?

친구 : ______________________.

4. 잘 듣고 맞으면 O, 틀리면 X 하세요.

1) 상우 씨가 나에게 친구를 소개해 주었다. (　　)
한국 사람들은 외국인에 대해 알고 싶은 게 많다. (　　)

2) 친구는 요즘 아르바이트를 하고 있다. (　　)
나는 친구에게 아침 일찍 운동하자고 했다. (　　)

3) 동생은 아이스크림을 사오라고 전화를 했다. (　　)
나는 동생과의 약속을 잊고 있었다. (　　)

5. 여러분은 어떻게 하겠어요?

보기 친구가 여자 친구와 헤어졌어요. 그래서 기분이 안 좋아 보여요.
→ 나는 친구에게 그 여자를 잊으라고 하겠어요.
그리고 술 마시러 가자고 하겠어요.

1) 다음 달에 입학시험이 있는데 동생이 요즘 공부를 안 해요.
→ ______________________.

2) 친구가 감기에 걸렸어요. 벌써 2주가 지났는데 낫지 않아요.
→ ______________________.

3) 저는 요즘 밤에 잠을 잘 수가 없어요. 같이 사는 친구가 밤마다 친구들과 통화를 하거든요.
→ ______________________.

4) 제 친구는 유학 온 지 이 년이 다 되었지만 아직도 한국 생활에 익숙해 지지 않아서 힘들다고 해요.
→ ______________________.

5) ______________________.
→ ______________________.

읽기

♣ 다음 글을 잘 읽고 질문에 대답하십시오.

오늘 아침에 재미있는 장면을 보았다. 사람들이 고등학교 교문에 엿을 붙이고 있었다. 문 앞에 서서 기도하는 사람들도 있었다. 나는 소영에게 이 일에 대해서 물어 보았다. 소영은 오늘이 대학교 입학시험이 있는 날이라고 했다. 나는 교문에 엿은 왜 붙이느냐고 했다. 소영은 한국의 부모님들은 시험을 보는 학생들이 합격하기를 기도하면서 엿을 붙인다고 했다. 엿이 교문에 붙는 것처럼 시험에 붙으라는 뜻이다.

소영은 오늘 나에게 한국의 입시에 대한 재미있는 이야기를 많이 해 주었다. 시험 치는 날 회사원들은 한 시간 늦게 출근한다고 했다. 학생들이 시험 장소로 가야 하는데 교통이 복잡하면 늦을 수 있기 때문이라고 한다. 그리고 듣기 시험 시간에 시험장 주변에서는 비행기가 뜰 수가 없다고 했다. 비행기 소리가 시험을 방해할 수도 있기 때문이다. 소영의 이야기를 듣고 한국에서 입시가 굉장히 중요하다는 것을 알게 되었다. 그리고 학생들을 생각하는 한국 사람들의 마음이 참 따뜻하다고 생각했다.

1. 위의 글은 무엇에 대한 것입니까?
   ① 기도하는 사람들 ② 대학교 입학시험
   ③ 회사원들의 출근 시간 ④ 교문에 엿을 붙이는 이유

2. 글의 내용과 같은 것을 고르십시오.
   ① 교문에 엿을 붙이면 시험에 붙는다.
   ② 시험 치는 날에는 비행기를 탈 수 없다.
   ③ 입학 시험장 주변은 조용하게 한다.
   ④ 입학시험 치는 날 회사원들은 출근을 안 한다.

3. 여러분 나라의 입시에 대해서 이야기해 봅시다.

교문 붙이다 기도하다 입시 시험장 주변 방해하다

14 명절 음식을 좀 가져왔어요

I

소영 피터 씨, 명절 음식을 좀 가져왔어요.

피터 어서 들어오세요. 이렇게 많이 가져오면 가족들은 뭘 드세요?

소영 걱정하지 마세요. 아직 많이 남아 있어요. 피터 씨가 뭘 잘 먹는지 몰라서 전이랑 떡이랑 이것저것 가져와 봤어요.

피터 정말 맛있겠어요. 어머니께서 요리를 잘하시는 모양이에요. 요리하느라고 힘드셨겠어요. 여기 있는 이 떡 이름이 뭐예요?

소영 송편인데 어젯밤에 친척들과 같이 만들었어요. 우리 집은 추석 때마다 친척들이 모여서 송편을 같이 만들어요.

피터 예쁘게 잘 만들었네요. 이 음식은 뭐예요?

소영 생선전하고 두부전인데 맛있어요. 먹어 보세요.

피터 소영 씨는 친척들과 자주 만나요?

소영 아뇨, 요즘은 다들 바빠서 명절이 되어야 만날 수 있어요.

대답하세요

1. 소영은 왜 피터 집에 갔습니까?
2. 소영은 무슨 음식을 가져 왔습니까?
3. 소영은 친척들과 무엇을 같이 만들었습니까?

단어와 표현

남다	전	이것저것	송편
친척	모이다	두부	

◉ 이렇게 / 그렇게 / 저렇게

- 이렇게 맛있는 음식은 처음 먹어 봐요.
- 이렇게 사람들이 많이 모인 건 처음 봐요.
- 상우가 그렇게 심하게 감기에 걸렸는지 몰랐어.
- 저렇게 테니스를 잘 치려면 얼마나 많이 연습해야 할까요?
  – 소영 씨도 열심히 하면 저렇게 잘 칠 수 있어요.
-

◉ 남다

- 방학이 일주일밖에 안 남았어요.
- 할 일이 많아서 퇴근 시간 후에도 남아서 일해야 해요.
- 저녁을 못 먹어서 배가 고파요.
  – 피자가 좀 남았는데 드실래요?
-

◉ 이것저것

- 유학을 가려면 이것저것 준비해야 할 것이 많다.
- 이것저것 입어 보았지만 마음에 드는 옷이 없었어요.
- 선생님께서는 나에게 어제 배운 것에 대해서 이것저것 물어보셨다.
-

문법 1 A/V-(으)ㄴ/는/(으)ㄹ 모양이다

- 하늘이 어두워요. 비가 올 모양이에요.
- 피터 씨가 오늘도 학교에 안 왔어요. 많이 아픈 모양이에요.
- 티누 씨가 공항에 갔다고 해요.
  - 어머니께서 베트남에서 오신 모양이에요.

연 습

1. 〈보기〉와 같이 질문에 대답하세요.

> 보기 가 : 다들 그 영화를 보러 갈 거라고 해요. (그 영화가 재미있다)
> 나 : 그 영화가 재미있는 모양이에요.

1) 가 : 사람들이 아직 많이 안 왔어요. (길이 복잡하다)
   나 : ______________________.

2) 가 : 소영 씨가 우는 것을 봤어요. (시험에 떨어지다)
   나 : ______________________.

3) 가 : 미나 씨가 아직 회사에 있다고 해요. (남아서 일하다)
   나 : ______________________.

4) 가 : 제니퍼 씨가 많이 건강해진 것 같아요. (운동을 열심히 하다)
   나 : ______________________.

5) 가 : 샤오밍 씨가 중국으로 가는 비행기표를 샀다고 해요. (고향에 가다)
   나 : ______________________.

6) 가 : 상우 씨가 기분이 좋아 보여요.
   나 : ______________________.

문법 2 V-느라고

- 걸어서 오느라고 늦었어요.
- 축구 경기를 보느라고 드라마를 못 봤어요.
- 왜 예습을 안 했어요?
  - 지난 시간에 배운 것을 복습하느라고 예습할 시간이 없었어요.

연 습

1. 〈보기〉와 같이 쓰세요.

> 보기 가 : 영화를 왜 못 봤어요? (시험공부를 하다)
> 나 : 시험공부를 하느라고 못 봤어요.

1) 가 : 왜 늦게 잤어요? (만화책을 보다)
   나 : ______________________________.

2) 가 : 왜 전화를 못 받았어요? (샤워를 하다)
   나 : ______________________________.

3) 가 : 왜 청소를 못 했어요? (컴퓨터 게임을 하다)
   나 : ______________________________.

4) 가 : 왜 여행을 못 갔어요? (아르바이트를 하다)
   나 : ______________________________.

5) 가 : 왜 수영장에 안 갔어요? (친구의 숙제를 도와주다)
   나 : ______________________________.

6) 가 : 왜 어제 결석을 했어요?
   나 : ______________________________.

II

오늘은 설날이다. 상우 씨가 자기 집에서 설날을 같이 보내자고 해서 상우 씨 집에 갔다. 내가 도착했을 때 상우 씨 가족들은 차례를 지내고 있었다. 차례 상에는 과일과 생선 등 많은 음식이 있었고, 상우 씨와 친척들은 상 앞에서 절을 하고 있었다.

차례를 지낸 후 상우 씨와 상우 씨 사촌들은 어른들께 세배를 드렸다. 나도 상우 씨 부모님께 세배를 드렸다. 상우 씨 부모님은 나에게 세뱃돈을 주시면서 건강하고 한국어 공부도 열심히 하라고 덕담을 해 주셨다.

그리고 우리는 함께 떡국을 먹었다. 상우 씨 어머니께서 설날에는 떡국을 먹어야 한 살을 더 먹는다고 말씀하셨다. 상우 씨의 동생은 그 말을 듣고 떡국을 더 달라고 해서 모두 웃었다.

오후에 나는 상우 씨 친척들과 윷놀이를 했다. 한국어 수업 시간에 윷놀이에 대해서 배운 적이 있었는데 직접 해 본 것은 처음이었다. 한국에 온 지 오래 되었지만 오늘같이 많이 웃은 적은 없었다.

대답하세요

1. '나'는 왜 상우 집에 갔습니까?
2. '나'는 상우 씨 집에서 무엇을 했습니까?
3. 상우 씨 부모님은 '나'에게 무슨 덕담을 해 주셨습니까?

단어와 표현

차례　　상　　절　　사촌
세배　　세뱃돈　　덕담　　떡국
윷놀이

◉ 나이를 먹다

- 한 살만 더 먹으면 서른이 돼요.
- 형은 저보다 나이를 세 살 더 먹었어요.
- 우리 어머니는 걱정이 많으세요.
  – 나이를 먹으면 누구나 걱정이 많아져요.
-

◉ V-(으)ㄴ 지 오래되다(↔얼마 안 되다)

- 태권도를 배운 지 얼마 안 돼서 아직 잘 못해요.
- 이 컴퓨터는 산 지 오래돼서 고장이 자주 나요.
- 이곳으로 이사를 온 지 오래됐어요?
  – 아뇨, 두 달쯤 됐어요.
-

조금 더 공부해요

※ 절하는 법

1) 남자

2) 여자

문법 1 A/V-았/었을 때

- 가장 슬펐을 때가 언제예요?
- 도서관에 도착했을 때 소영 씨한테서 전화가 왔어요.
- 티누 씨를 언제 만났어요?
  - 마리 씨의 생일 파티에 갔을 때 처음 만났어요.

연 습

1. 〈보기〉와 같이 질문에 대답하세요.

보기 가 : 베트남 쌀국수를 먹어 본 적이 있어요? (베트남에 여행 가다)
나 : 베트남에 여행 갔을 때 먹어 봤어요.

1) 가 : 피아노를 배워 본 적이 있어요? (어리다)
나 : ____________________.

2) 가 : 송편을 만들어 본 적이 있어요? (친척집에 가다)
나 : ____________________.

3) 가 : 결석을 해 본 적이 있어요? (다리를 다치다)
나 : ____________________.

4) 가 : 외국에서 운전을 해 본 적이 있어요? (미국에 가다)
나 : ____________________.

5) 가 : 아르바이트를 해 본 적이 있어요? (장학금을 못 받다)
나 : ____________________.

6) 가 : 병원에 입원해 본 적이 있어요?
나 : ____________________.

문법 2 N같이

- 눈같이 하얀 꽃이 많이 폈어요.
- 저는 레몬같이 신 음식은 잘 못 먹어요.
- 오늘같이 비가 오는 날에는 김치전이 먹고 싶어요.

연 습

1. 〈보기〉와 같이 문장을 만드세요.

보기

팀 씨, 잘생기다

→ 팀 씨는 영화배우같이 잘생겼어요.

1)

소영 씨, 착하다

→ ______________________.

2)

투이 씨, 요리를 잘하다

→ ______________________.

3)

제니퍼 씨, 단 음식을 좋아하다

→ ______________________.

4)

마리 씨, 노래를 잘하다

→ ______________________.

5)

티누 씨, 농구를 잘하다

→ ______________________.

종합연습

1. '-느라고'를 사용해서 문장을 완성하세요.

1) ________________________________ 바빴어요.

2) ________________________________ 학교에 못 왔어요.

3) ________________________________ 힘들었어요.

4) ________________________________ 쉬지 못했어요.

5) ________________________________ 친구들과 놀지 못했어요.

6) ________________________________ 부르는 소리를 못 들었어요.

2. 〈보기〉와 같이 질문에 대답하세요.

> **보기** 가 : 투이 씨가 왜 음식을 준비하지요?
> 나 : 손님이 오는 모양이에요.

1) 가 : 식당에 사람이 왜 이렇게 많지요?
나 : ________________________________.

2) 가 : 소영 씨는 왜 화가 났어요?
나 : ________________________________.

3) 가 : 티누 씨는 왜 방학 때 고향에 안 간다고 해요?
나 : ____________________.

4) 가 : 상우 씨가 도서관에 갔는데 왜 아직 안 오지요?
나 : ____________________.

3. 〈보기〉와 같이 맞는 것을 고르세요.

보기 문법을 (설명할 때 / 설명했을 때) 잘 들으세요.

1) 옷을 (살 때 / 샀을 때) 입어 보고 사는 것이 좋아요.

2) 집에 (올 때 / 왔을 때) 우유 좀 사 오세요.

3) 면접을 (볼 때 / 봤을 때) 무슨 옷을 입으면 좋을까요?

4) 감기에 (걸릴 때 / 걸렸을 때) 따뜻한 물을 많이 마시고 푹 쉬세요.

4. 여러분의 나라에는 어떤 명절이 있어요? 명절날 무엇을 해요?

나라	명절	하는 일
한국	설날 1월 1일	떡국을 먹는다 세배를 한다 윷놀이를 한다

5. 잘 듣고 맞으면 ○, 틀리면 × 하세요.

1) ① 남자는 극장에 사람이 많아서 영화를 못 봤다. (　　)

② 여자는 친구가 예매를 해서 영화를 볼 수 있었다. (　　)

2) ① 남자는 설에 사촌들과 만나서 놀 수 있어서 설날을 좋아한다. (　　)

② 여자는 좋아하는 과일을 많이 먹을 수 있어서 추석을 좋아한다. (　　)

3) 알맞게 연결하세요.

• 차례를 지내다 •

• 윷놀이를 하다 •

• 송편을 만들다 •

설 •　　　• 세배를 하다 •　　　• 추석

• 떡국을 먹다 •

• 달을 구경하다 •

6. '-었/았을 때'를 사용해서 묻고 대답하세요.

	나	친구
언제 가장 화가 났어요?		
언제 가장 슬펐어요?		
언제 가장 힘들었어요?		
언제 가장 행복했어요?		

읽기

♣ 다음 글을 잘 읽고 질문에 대답하십시오.

수업 시간에 선생님은 우리 반 학생들에게 오늘이 음력으로 며칠이냐고 물으셨다. 모두 대답을 못했는데 선생님은 오늘이 음력으로 1월 15일이고 정월 대보름날이라고 하셨다.

정월 대보름은 1년 중 가장 큰 달이 뜨는 날인데 옛날에는 추석이나 설처럼 큰 명절이었다고 하셨다. 대보름날 아침에 사람들은 다섯 가지 곡식으로 만든 오곡밥을 먹고 귀밝이술을 마신다. 그러면 1년 동안 좋은 일과 좋은 이야기만 듣게 된다고 한다. 또 호두나 땅콩과 같이 딱딱한 것을 먹는데 이렇게 하면 건강에 좋다고 한다.

선생님은 숙제를 안 해 온 학생들에게 더위를 사 가라고 말씀하셨다. 우리는 그게 무슨 뜻인지 몰랐는데, 선생님께서 그렇게 하면 더위가 다른 사람에게 간다고 이야기해 주셨다. 선생님도 어렸을 때 대보름날에는 일찍 일어나서 친구들에게 더위를 팔러 다녔다고 하셨다. 그 이야기를 듣자마자 우리 반 학생들은 친구들에게 서로 자기 더위를 사 가라고 크게 소리쳤다. 참 재미있는 풍습이다. 더위도 사고 팔 수 있을까?

1. 위의 글은 무엇에 대한 글입니까?

① 건강 ② 정월 대보름 ③ 오곡밥 ④ 보름달

2. 글의 내용과 같은 것을 고르십시오.

① 다른 사람에게 돈을 주고 더위를 팔 수 있다.

② 딱딱한 것을 먹으면 좋은 이야기만 들을 수 있다.

③ 옛날에 정월 대보름은 한국을 대표하는 명절 중 하나였다.

④ 한국 사람들은 대보름날 저녁에 오곡밥과 호두를 먹는다.

음력 정월 대보름 곡식 오곡밥 귀밝이술 호두
땅콩 더위 풍습

15 아직 한 번도 못 가 봤어

I

투 이 이번 주 토요일에 티누랑 제니퍼랑 함께 시험 준비하려고 하는데 너도 같이 할래?

마이클 좋아. 그렇지 않아도 모르는 것이 많아서 눈앞이 캄캄했는데 잘됐어. 그런데 어디서 해?

투 이 도서관 3층에 있는 스터디룸에서 할 거야. 가 본 적 있니?

마이클 아니, 아직 한 번도 못 가 봤어. 그런데 도서관 안에서 이야기하면서 공부해도 괜찮아? 다른 사람들이 싫어할 텐데.

투 이 스터디룸에서는 괜찮아. 거기서는 공부도 할 수 있고 토론도 할 수 있어. 다 같이 공부하려고 내가 미리 신청해 놓았어. 도서관이라서 책도 쉽게 볼 수 있는 데다가 복사나 프린트도 할 수 있으니까 참 편리해.

마이클 그렇구나. 몇 시까지 가면 돼?

투 이 내가 먼저 가서 책을 빌려 놓도록 할게. 너는 한 9시 반쯤 와.

대답하세요

1. 마이클은 이번 주 토요일에 무엇을 합니까?
2. 스터디룸은 어떤 곳입니까?
3. 투이는 몇 시까지 도서관에 가면 됩니까?

단어와 표현

눈앞	캄캄하다	스터디룸	토론
복사	프린트	한	답답하다
목적지			

◉ 눈앞이 캄캄하다

- 입학시험에서 또 떨어졌어요. 정말 눈앞이 캄캄하네요.
- 아버지의 건강이 좋지 않다고 해서 눈앞이 캄캄해졌습니다.
- 해외여행 중에 여권을 잃어버렸을 때에는 눈앞이 캄캄했어요.
  - 저도 그런 적이 있었는데 그땐 저도 정말 답답했어요.
-

◉ V-도록 하다

- 생일 파티의 음식 준비는 내가 하도록 할게.
- 내일까지 이 일을 모두 끝내도록 하겠습니다.
- 점심을 사셨으니까 커피는 제가 사도록 할게요.
-

◉ 한 N

- 비행기로 보내면 언제쯤 도착하나요?
  - 한 일주일쯤 후에 도착할 수 있을 겁니다.
- 길이 많이 복잡하네요. 목적지까지는 몇 시간쯤 걸릴까요?
  - 한 두 시간 정도 걸릴 거예요.
- 차를 새로 사셨네요. 차가 큰데 모두 몇 명이나 탈 수 있어요?
  - 한 열 명쯤 탈 수 있어요.
-

문법 1 한 N도 안/못

• 읽어야 할 책이 다섯 권이나 되는데 아직 한 권도 못 읽었어요.
• 제주도는 아직 한 번도 안 가 봐서 이번 여름에는 꼭 가 보고 싶어요.
• 한국에 온 후에 영화배우를 직접 만나 본 적이 있어요?
  – 아니요, 한 번도 만나 본 적이 없어요.

연 습

1. 〈보기〉와 같이 쓰세요.

보기

가 : 태권도 해 봤어요?
나 : 아니요, 아직 한 번도 못 해 봤어요.

1) 

가 : 연필 있어요?
나 : 아니요, ______________________.

2) 

가 : 운동화가 있으면 좀 빌려 주세요.
나 : 미안해요, ______________________.

3) 

가 : 사람들이 모두 몇 명이나 왔어요?
나 : ______________________.

4) 

가 : 술 좋아하세요?
나 : 아니요, ______________________.

5) 

가 : 물고기 몇 마리 잡았어요?
나 : ______________________.

6) 

가 : 냉장고에 맥주가 있어요?
나 : 아니요, ______________________.

문법 2 A/V-(으)ㄴ/는 데다가

• 학교 앞 식당은 음식이 맛있는 데다가 양도 많아서 항상 손님이 많아요.
• 거기는 직원들이 친절하지 않은 데다가 물건 값도 비싸서 가고 싶지 않다.
• 이번에 새로 온 선생님이 어때요?
  – 멋있는 데다가 운동도 잘해서 학생들에게 인기가 많아요.

연 습

1. 〈보기〉와 같이 쓰세요.

> 보기
> 가 : 이 책 재미있어요? (문법이 어렵다 / 한자가 많다)
> 나 : 아니요, 문법도 어려운 데다가 한자도 많아서 읽기 힘들어요.

1) 가 : 그곳 날씨가 어때요? (비가 오다 / 바람이 불다)
   나 : ________________________________.

2) 가 : 주말에 같이 영화를 볼까요? (시험이 있다 / 숙제가 많다)
   나 : ________________________________.

3) 가 : 증상이 어떠십니까? (열이 나다 / 기침하다)
   나 : ________________________________.

4) 가 : 이 가수를 좋아하세요? (노래를 잘하다 / 춤을 잘 추다)
   나 : ________________________________.

5) 가 : 새로 이사한 집이 어때요? (넓다 / 밝다)
   나 : ________________________________.

6) 가 : 요즘 어떻게 지내세요?
   나 : ________________________________.

II

팀 소영 씨, 도서관에서 책을 어떻게 빌려요? 방학 동안 한국 역사책을 좀 읽어 봐야겠어요.

소영 도서관에서 책을 한 번도 안 빌려 봤어요? 생각보다 간단해요. 한국 역사에 대한 책은 4층에 있는데, 도서관에 가기 전에 먼저 컴퓨터로 찾는 책을 검색해 보세요. 그러면 책이 있는 위치를 알 수 있기 때문에 더 쉽게 찾을 수 있어요. 책을 찾은 후, 그 책을 가지고 대출하는 곳에 가서 학생증을 보여 주면 돼요.

팀 그럼, 얼마 동안 책을 빌릴 수 있나요?

소영 대출 기간은 10일이고 5권까지 빌릴 수 있어요. 그런데 대출 기간이 지나면 하루에 100원씩 연체료를 내야 해요.

팀 책을 돌려줄 때는 어떻게 하면 돼요?

소영 1층에 가서 반납하면 돼요. 10분 있으면 점심시간인데 같이 갈까요?

팀 아니에요. 설명을 들어 보니까 어렵지 않네요. 혼자 해 볼게요.

대답하세요

1. 한국 역사책은 몇 층에 있습니까?
2. 도서관에서 책을 빌리려면 어떻게 해야 합니까?
3. 책을 얼마 동안 대출할 수 있습니까?

단어와 표현

간단하다	검색하다	대출하다	연체료
돌려주다	반납하다	짐	킬로그램

◉ 간단하다

- 아침은 보통 간단하게 먹는 편이다.
- 간단한 베트남어 인사말 좀 가르쳐 주세요.
- 김치 담그는 것은 생각처럼 간단하지 않아요.
  - 그럼요, 우리 어머니도 김치 담그는 게 가장 어렵다고 하셨어요.
-

◉ N까지

- 이 버스에는 40명까지 탈 수 있어요.
- 약속시간에 늦는 친구를 얼마나 기다릴 수 있어요?
  - 한 시간까지는 기다려 줄 수 있어요.
- 비행기를 탈 때 짐은 몇 킬로그램까지 가져갈 수 있어요?
  - 한 사람에 20킬로그램까지 가져갈 수 있어요.
-

◉ N 있으면

- 한 달 있으면 졸업입니다.
- 두 시간 있으면 수업이 끝나는데 이따가 같이 밥 먹을래요?
- 이틀 있으면 내 생일인데 그날 시간 괜찮아?
  - 그럼. 그날 우리 다른 친구들도 모두 불러서 같이 파티하자.
-

문법 1 V-아/어야겠다

- 이제부터 일찍 자고 일찍 일어나야겠다.
- 팀 씨, 앞머리가 많이 길었네요. 좀 잘라야겠어요.
  - 그렇지 않아도 미용실에 가려고 했어요.
- 저녁에 친구들이 온다고 하니까 청소를 해야겠어요.
  - 그럼, 저는 음식 준비를 할게요.

연습

1. 〈보기〉와 같이 질문에 대답하세요.

> 보기
> 가 : 길이 아주 복잡하네요.
> 나 : 네, 지하철을 타야겠어요.

1) 가 : 와! 눈이 오네요.
   나 : 네, 사진을 ______________________.

2) 가 : 비가 많이 오는데요.
   나 : 네, 운전을 ______________________.

3) 가 : 감기는 좀 괜찮아요?
   나 : 아직 머리가 좀 아파요. 병원에 ______________________.

4) 가 : 오늘 새로 배운 문법이 어려워서 이해하기 힘들어요.
   나 : 저도 그래요. 선생님께 ______________________.

5) 가 : 일주일 동안 계속 비가 왔는데 오늘은 날씨가 좋네요.
   나 : 오늘 빨래를 ______________________.

6) 가 : 팀 씨가 이번에 좋은 회사에 취직했다고 해요.
   나 : ______________________.

문법 2 V-아/어 보니(까)

- 그 사람을 만나 보니 어땠어요?.
- 삼계탕을 먹어 보니 정말 맛있었어요.
  - 그래요? 제가 맛있는 식당을 알고 있는데 나중에 같이 가 봐요.
- 외국에서 혼자 살아 보니까 부모님 생각이 많이 나지요?
  - 네, 그래서 자주 부모님께 전화를 드리고 편지도 써요.

연 습

1. 〈보기〉와 같이 질문에 대답하세요.

> 보기 가 : 내가 준 CD 들어 봤어요? (좋다 / 매일 듣다)
> 나 : 들어 보니까 노래가 좋아서 매일 듣고 있어요.

1) 가 : 한국 신문을 읽어 봤어요? (어렵다 / 못 읽다)
   나 : ______________________.

2) 가 : 친구에게 전화해 봤어요? (안 받다 / 이메일 보내다)
   나 : ______________________.

3) 가 : 경주에 가 봤어요? (경치가 아름답다 / 또 가고 싶다)
   나 : ______________________.

4) 가 : 태권도를 해 봤어요? (재미있다 / 계속 배우고 싶다)
   나 : ______________________.

5) 가 : 집에서 김밥 만들어 봤어요? (쉽다 / 자주 만들다)
   나 : ______________________.

6) 가 : 기숙사에서 살아 본 적 있어요?
   나 : ______________________.

종합연습

1. 다음 문법을 이용해서 대화를 완성하세요.

한 N도	A/V-(으)ㄴ/는 데다가
V-아/어 보니까	V-아/어야겠다

1) 가 : 한국 영화를 본 적이 있어요?
   나 : ______________________________.
   가 : 그럼 이 영화 한번 보세요. 정말 재미있어요.

2) 가 : 어제 소개 받은 사람이 어땠어요?
   나 : ______________________________.
   가 : 그래서 또 만나 볼 거예요?

3) 가 : 한국에서 살아 보니까 어때요?
   나 : ______________________________.
   다 : 저도 그렇게 생각했어요.

4) 가 : ______________________________?
   나 : 몸도 건강해지고 친구도 많이 생겼어요.
   가 : 그래요? 나도 배워 볼까요?

5) 가 : ______________________________?
   나 : 한 번도 안 가 봤는데 정말 가 보고 싶어요.
   가 : ______________________________.

2. 알맞은 단어를 골라서 문장에 맞게 쓰세요.

캄캄하다	간단하다	반납하다	답답하다	토론하다	신청하다

1) 장학금을 (   ) 싶은데 어떻게 하면 되나요?

2) 친구에게 그 문제를 세 번이나 설명해 줬는데 이해하지 못해서 (   ).

3) 오늘은 환경 문제에 대해서 (   ) 봅시다.

4) 도서관에서 빌린 책을 (   ) 않아서 연체료를 내야 한다.

5) 하늘이 (   ) 별이 더 잘 보인다.

6) 라면 끓이는 법은 아주 (   ).

3. '-(으)ㄴ/는 데다가'를 사용해서 문장을 완성하세요.

1) 가 : 아까 점심을 ______________________________ 배가 아파요.
   나 : 그러면 이 약을 드시고 저녁은 먹지 말도록 하세요.

2) 가 : 부동산에서 보여 준 집이 제 마음에는 들지 않네요.
   나 : 저도 그래요. 시장 근처라서 ______________________________.

3) 가 : 오늘은 손님이 별로 없네요.
   나 : 날씨가 ______________________________ 그런 것 같아요.

4) 가 : 아사코 씨가 어떻게 그렇게 많은 돈을 모았다고 해요?
   나 : ______________________________.

4. 친구를 소개해 보세요.

보기

가 : 아사코 씨는 어떤 사람이에요?
나 : 아사코 씨는 예쁜 데다가 공부도 아주 잘해요.
그래서 친구들이 모두 아사코 씨를 좋아해요.

친구 이름 : (   )

가 : ______________ 씨는 어떤 사람이에요?
나 : ______________________________.
그래서 ______________________________.
그런데 ______________________________.

5. 잘 듣고 질문에 답하세요.

1) ① 연체료를 내지 않아서
② 학생증을 안 가지고 와서
③ 책 한 권을 반납하지 않아서
④ 빌리려고 하는 책이 대출 중이어서

2) 맞으면 ○, 틀리면 × 하세요.
① 연체료는 하루에 백 원이다. ( )
② 아사코가 빌리려고 하는 책은 한 권이다. ( )
③ 상우는 지금 책을 두 권 빌릴 수 있다. ( )

6. 〈보기〉와 같이 '-아/어야겠다'를 사용해서 대화하세요.

보기
민우 : 현주야, 넌 꿈이 뭐야?
현주 : 난 훌륭한 의사가 되는 거야.
민우 : 그럼, 공부를 정말 잘해야겠네.

1) 수미 : 넌 꿈이 뭐야?
연석 : 난 영화배우가 되는 거야.
수미 : 그럼, ______________________.

2) 친구 : 넌 꿈이 뭐야?
나 : ______________________.
친구 : 그럼, ______________________.

3) 나 : 넌 꿈이 뭐야?
친구 : ______________________.
나 : 그럼, ______________________.

7. 〈보기〉와 같이 한국에 와서 처음 해 본 일에 대해서 이야기해 보세요.

보기
가 : 한국에 와서 처음 해 본 일이 뭐예요?
나 : 김치를 먹어 봤어요.
가 : 김치를 먹어 보니까 어땠어요?
나 : 조금 매웠지만 맛있었어요.

읽기

♣ 다음 글을 잘 읽고 질문에 대답하십시오.

요즘 한국 전쟁에 대한 책을 읽고 있다. 다음 주까지 한국 현대사에 대해서 보고서를 써야 하는데 '한국 전쟁'에 대해 쓰기로 했다. 그런데 이 책을 일주일 동안 읽고 있지만 아직 다 읽지 못했다. 재미있지만 내용이 너무 어렵고 한자도 많이 나와서 읽기가 아주 힘들다. 도서관에서 다른 책들도 찾아 봤지만 모두 나에게는 좀 어려웠다. 내가 외국인이라서 그런 것 같다.

한국 역사에 대한 보고서를 써야 하는데 생각만 해도 눈앞이 캄캄하다. 소영 씨에게 어떻게 하면 좋겠냐고 물어보았다. 소영 씨는 한국 전쟁에 대한 영화가 많으니까 책 대신 영화를 보라고 했다. 도서관에서 DVD도 빌릴 수 있으니까 내일 같이 도서관에 가자고 했다.

빨리 도서관에 가서 한국 전쟁에 대한 DVD를 빌리고 싶다. 영화도 보고 보고서도 쓸 수 있으니까 참 좋은 것 같다. 이런 것을 ㉠일석이조라고 하겠지?

1. '나'는 왜 한국 전쟁에 대한 책을 읽고 있습니까?

① 한국 역사책을 쓰고 싶어서　　② 시간이 많아서

③ 다음 주까지 보고서를 내야 해서　　④ 전쟁 영화를 좋아해서

2. 위 글의 내용과 다른 것을 고르십시오.

① 일주일 동안 책을 읽고 있다.

② 도서관에서 DVD를 빌릴 수 있다.

③ 한자가 많은 책은 '나'에게 어렵다.

④ 두 사람은 영화를 보러 가기로 했다.

3. ㉠일석이조는 무슨 뜻입니까?

현대사　　보고서　　일석이조

16 아무리 기다려도 물건이 오지 않아서요

I

직원 문화홈쇼핑입니다. 무엇을 도와 드릴까요?

소영 지난주에 부츠를 주문했는데요. 주문한 지 벌써 일주일이 지났는데 아무리 기다려도 물건이 오지 않아서요.

직원 고객님, 죄송하지만 성함과 전화번호를 좀 말씀해 주시겠습니까?

소영 이름은 김소영이고요, 전화번호는 1234의 5678이에요.

직원 네, 감사합니다. 고객님, 8월 3일에 검은색 부츠를 주문하셨네요. 죄송하지만 이 부츠는 주문이 많아서 배송이 좀 늦어지고 있습니다.

소영 주문할 때는 이틀이나 사흘 후에 받을 수 있다고 했잖아요. 그런데 이렇게 배송이 늦어지면 어떡해요?

직원 정말 죄송합니다, 고객님. 이번 주말까지는 틀림없이 물건을 보내 드리도록 하겠습니다.

소영 그럼, 토요일까지 보내 주세요. 만약 토요일까지 도착하지 않으면 주문을 취소하겠어요.

대답하세요

1. 소영은 왜 홈쇼핑에 전화를 했습니까?
2. 소영은 언제 물건을 받을 수 있습니까?

단어와 표현

홈쇼핑　부츠　검은색　배송
틀림없이　만약

◉ 어떡하다

- 7시에 만나기로 했는데 지금 오면 어떡해?
  – 미안해. 길이 너무 막혀서 늦었어.
- 이 구두는 발이 너무 아파서 못 신겠어요. 환불해 주세요.
  – 이틀이나 신으신 구두를 환불해 달라고 하시면 어떡합니까?
- 소영 씨, 미안해요. 지난주에 빌려 준 책을 지하철에서 잃어버렸어요.
  – 도서관에서 빌린 책인데 그 책을 잃어버리면 어떡해요?
-

◉ 틀림없이

- 부모님이 상우 씨의 편지를 받으면 틀림없이 좋아하실 거예요.
- 아사코 씨는 열심히 공부했으니까 틀림없이 합격할 수 있을 거예요.
- 이 선생님이 결혼했을까?
  – 틀림없이 결혼했을 거야. 남편과 아이랑 찍은 사진을 지갑에서 봤어.
-

◉ 만약

- 만약에 음식이 부족하면 말씀하세요.
- 만약 약속 시간에 늦을 것 같으면 미리 전화해 줘.
- 만약 내일 투이 씨가 모임에 오면 이걸 전해 주세요.
-

문법 1 아무리 A/V-아/어도

- 아무리 피곤해도 이 일은 오늘까지 다 해야 돼요.
- 선생님께 아무리 설명을 들어도 무슨 말인지 모르겠어요.
- 이 전화는 통화를 아무리 많이 해도 요금이 한 달에 이만 원밖에 안 나와요.

연습

1. 〈보기〉와 같이 쓰세요.

> 보기 가 : 지영 씨와 자주 통화해요?
> 나 : 우리는 아무리 바빠도 하루에 한 번씩은 통화해요.

1) 가 : 숙제가 어려워요? 왜 아직 안 했어요?
   나 : 너무 어려워요. ________________ 답을 모르겠어요.

2) 가 : 어제 잃어버린 반지는 찾았어요?
   나 : 아니요, ________________ 안 보여요. 생일 선물로 받은 건데…….

3) 가 : 이 약 꼭 먹어야 해요? 너무 써서 못 먹겠어요.
   나 : 빨리 나으려면 ________________ 먹어야 해요.

4) 가 : 감기가 이렇게 심한데 학교에 갈 수 있겠어요?
   나 : 오늘 시험이 있기 때문에 ________________ 가야 돼요.

5) 가 : 누구에게 선물하려고 이렇게 비싼 물건을 사요?
   나 : 어머니께 드릴 선물이라서 ________________ 좋은 것을 사고 싶어요.

6) 가 : 기분이 안 좋아 보이는데 무슨 일이 있니?
   나 : 오늘 배운 문법인데 ________________ 잘 모르겠어요.

문법 2 A/V-잖아(요), N(이)잖아(요)

- 빨리 일어나. 9시까지 학교에 가야 하잖아.
- 꽃을 사 가는 게 좋을 것 같아요. 오늘이 제니퍼 씨의 생일이잖아요.
- 피자를 얼마나 주문할까요?
  - 조금만 주문하세요. 돈이 모자라잖아요.

연 습

1. 〈보기〉와 같이 쓰세요.

보기 가 : 왜 산에 안 가고 집에 있어요?
나 : 밖에 비가 많이 오잖아요.

1) 가 : 왜 이렇게 길이 복잡하지요?
나 : ____________________.

2) 가 : 지영 씨는 왜 그렇게 인기가 많지요?
나 : ____________________.

3) 가 : 과일 값이 왜 이렇게 올랐어요?
나 : ____________________.

4) 가 : 상우 씨는 왜 채소만 먹어요?
나 : ____________________.

5) 가 : 팀 씨는 한국어를 참 잘하지요?
나 : ____________________.

6) 가 : 왜 비빔밥을 주문했어요?
나 : ____________________.

II

아사코　상우 씨, 내 책상 위에 있던 책 못 봤어요?
조금 전까지 있었는데 안 보이네요.

상　우　무슨 책요?

아사코　'마음'이라는 소설책이에요.

상　우　아, 그 책 말이에요? 그거 아사코 씨가 안 보는 것 같아서 제가 잠깐 보고 돌려주려고 했어요.

아사코　네? 상우 씨, 남의 물건을 말도 없이 그냥 가져가면 어떡해요?

상　우　미안해요, 아사코 씨. 말하려고 했는데 깜빡 잊었어요.

아사코　그 책은 저한테 아주 소중한 책이에요. 게다가 그 책 안에는 제 남자 친구한테 받은 편지도 들어 있어요.

상　우　정말 미안해요. 지금 바로 돌려줄게요.
사과하는 뜻으로 제가 오늘 저녁을 살게요. 그러니까 화 푸세요.

대답하세요

1. 아사코는 무엇을 찾고 있습니까?
2. 아사코는 왜 화가 났습니까?

단어와 표현

남	그냥	깜빡	소중하다
풀다	정장	껌	종이
싸다	더럽다		

◉ 말이다

- 가 : 투이 씨, 그 책 좀 주세요.
  나 : 무슨 책 말이에요?
  가 : 투이 씨가 지금 보고 있는 책 말이에요.
- 가 : 저 사람 누구예요?
  나 : 누구 말이에요?
  가 : 저기 정장을 입은 사람 말이에요.
-

◉ 그냥

- 시간이 없어서 선물을 못 사고 그냥 왔어요.
- 껌은 그냥 버리지 말고 종이에 싸서 버리세요.
- 제니퍼 씨는 제 여자 친구가 아니에요. 그냥 친구예요.
-

◉ 화를 풀다

- 미안해요. 모든 게 다 제 잘못이에요. 그러니까 화 푸세요.
- 같이 사용하는 방인데 이렇게 더럽게 사용하면 어떡해?
  – 미안해. 내가 지금 청소할 테니까 화 풀어.
- 왜 그래? 무슨 걱정 있어?
  – 나 때문에 친구가 화가 난 것 같아. 어떻게 하면 친구가 화를 풀까?
-

문법 V-던

- 친구가 쓰던 에어컨을 나에게 주고 고향에 갔어요.
- 마시던 음료수를 교실 책상 위에 놓고 그냥 나왔어요.
- 소영 씨, 처음 보는 옷이네요. 새로 샀어요?
  – 아니요, 언니가 입던 옷이에요.

연습

1. 〈보기〉와 같이 문장을 만드세요.

> 보기 나는 책을 봤어요. 그 책을 친구에게 빌려줬어요.
> → 내가 보던 책을 친구에게 빌려 줬어요.

1) 1년 동안 드라마를 봤어요. 그 드라마가 오늘 끝났어요.

   → ______________________________.

2) 형이 컴퓨터를 썼어요. 그 컴퓨터가 고장 났어요.

   → ______________________________.

3) 여자 친구와 길을 걸었어요. 그 길을 다시 한 번 걷고 싶어요.

   → ______________________________.

4) 6살 때부터 수영장에 다녔어요. 지금도 그 수영장에 다녀요.

   → ______________________________.

5) 결혼하기 전에 노란 원피스를 자주 입었어요. 그 원피스를 동생에게 줬어요.

   → ______________________________.

6) 동생이 케이크를 먹었어요. 그 케이크를 냉장고에 넣어 놓았어요.

   → ______________________________.

2. 〈보기〉와 같이 빈 칸에 알맞은 말을 쓰세요.

보기	
	가 : 샤오밍 씨는 어릴 때 무슨 음식을 가장 좋아했어요?
	나 : 학교 앞 가게에서 팔던 만두를 가장 좋아했어요.

1) 가 : 소영 씨가 다음 달에 누구와 결혼하는지 아세요?
나 : 대학교에 다닐 때부터 ________ 남자 친구하고 해요.

2) 가 : 아까 ________ 이야기를 계속합시다.
나 : 그래요. 발표 준비에 대한 이야기를 하고 있었지요?

3) 가 : 샤오밍 씨, 이 노래 제목이 뭐예요?
나 : '꽃'이에요. 이 선생님이 노래방에서 자주 ________ 노래예요.

4) 가 : 어제 도서관 앞에서 만난 사람이 누구예요?
나 : 중학교에 다닐 때 같은 반에서 ________ 친구예요.

5) 가 : 아까 내가 커피숍에서 ________ 책 못 봤어요? 아무리 찾아도 안 보이네요.
나 : 글쎄요. 커피숍에 그냥 두고 온 게 아닐까요?

6) 가 : 어제 아사코 씨가 기숙사에 들어오자마자 울기 시작해서 오늘 아침까지 계속 울었어요. 왜 그러는지 아세요?
나 : 아사코 씨가 ________ 사람이 있었는데 그 사람이 다른 사람과 결혼한다는 이야기를 들었다고 해요.

7) 가 : 새로 이사한 집은 마음에 들어요?
나 : 네, 전에 ________ 집보다 크고 깨끗하고 조용해서 아주 마음에 들어요.

8) 가 : 제니퍼 씨는 언제 고향 생각이 가장 많이 나요?
나 : 가끔 텔레비전을 보다가 고향에서 자주 ________ 곳이나 자주 ________ 음식이 나오면 고향 생각이 많이 나요.

종합연습

1. 〈보기〉처럼 '아무리 A/V아/어도'를 사용해서 대화를 완성하세요.

> **보기** 가 : 소영 씨, 요즘 영어학원에 다니지요? 영어는 많이 늘었어요?
> 나 : 아니요, 아무리 공부해도 좋아지지 않아서 캐나다로 유학 가려고 해요.

1) 가 : 투이 씨, 왜 그렇게 화가 났어요? 무슨 일 있어요?
나 : 시내에서 친구와 만나기로 했는데 ______________ 친구가 오지 않았어요.

2) 가 : 이 노래는 ______________ 무슨 말인지 잘 모르겠어요.
나 : 너무 빨라서 그래요. 이 노래를 들어 보세요.

3) 가 : 팀 씨, 요즘은 바빠서 운동할 시간이 없지요?
나 : 아니요, 저는 ______________ 운동은 해야 해요. 그래서 요즘은 출근하기 전에 운동하고 있어요.

4) 가 : 아주머니 청소를 왜 이렇게 자주 하세요?
나 : 아이고, 아이가 셋이나 있으니까 ______________ 깨끗해지지 않아요.

5) 가 : 18번 문제의 답이 뭐예요?
나 : 나도 몰라요. ______________ 알 수가 없어서 못 썼어요.

6) 가 : 저 할아버지는 날씨가 이렇게 더운데 긴 옷을 입으셨네요.
나 : 네, 연세가 많으신 분들 중에는 다른 사람들과 함께 있을 때 ______________ 짧은 옷을 안 입는 분이 계세요.

2. 알맞은 단어를 골라 문장에 맞게 쓰세요.

말이다	그냥	만약	깜빡	틀림없이

1) 가 : ____________ 전기가 없으면 어떻게 될까?
   나 : 아무것도 안 보일 테니까 정말 불편할 거야.

2) 가 : 이 음식은 어떻게 먹어요?
   나 : 여기 있는 고추장을 넣고 비벼서 드세요.
   만약 매운 음식을 싫어하시면 ____________ 드셔도 돼요.

3) 가 : 지난번에 내가 빌려 준 사전 가지고 왔지?
   나 : 어머, 어떡하지? ____________ 잊고 집에 놓고 왔는데…….
   미안해. 내일 주면 안 될까?
   가 : 오늘까지 돌려주기로 했잖아. 그런데 그걸 잊으면 어떡하니?

4) 가 : 내일이 여자 친구 생일인데 무슨 선물을 하면 좋을까?
   나 : 꽃을 선물해 봐. 여자들은 모두 꽃을 좋아하니까 ____________
   네 여자 친구도 좋아할 거야.

5) 가 : 어제 상우 씨가 도서관에서 빌린 책 좀 볼 수 있어요?
   나 : 무슨 책 ____________? 두 권을 빌렸는데요.
   가 : 한국어 읽기 책요.

3. 질문을 보고 친구와 대화해 보세요.

질문	나	친구
어릴 때 자주 가던 장소가 있어요?		
어릴 때 좋아하던 친구가 있어요?		
어릴 때 자주 먹던 음식이 뭐예요?		
어릴 때 부모님이 자주 하시던 말씀이 있어요?		
어릴 때 자주 보던 TV 프로그램이 뭐예요?		

4. 〈보기〉와 같이 써 보세요.

보기 시골이 좋아요? 도시가 좋아요?
⇒ 시골이 좋아요. 공기가 좋잖아요.

1) 바다가 좋아요? 산이 좋아요?

⇒ ______________________________.

2) 기숙사에서 살고 싶어요? 원룸에서 살고 싶어요?

⇒ ______________________________.

3) 음악을 듣는 것이 좋아요? 영화를 보는 것이 좋아요?

⇒ ______________________________.

4) 기차 여행이 좋아요? 비행기 여행이 좋아요?

⇒ ______________________________.

5. 잘 듣고 물음에 대답하세요.

1) 상우는 무슨 노래를 듣고 있습니까?

2) 상우는 이 가수의 노래를 언제 자주 들었습니까?

3) 다음 중 맞는 것을 고르십시오.

① 상우는 고등학생 때 가수였다.
② 이 가수의 여자 친구는 26살이다.
③ 이 가수는 노래를 아홉 개 만들었다.
④ 제니퍼는 이 가수의 노래를 알고 있다.

읽 기

♣ 다음 글을 잘 읽고 질문에 대답하십시오.

나는 어릴 때 학교 수업이 끝나면 보통 친구들과 운동장에서 여러 가지 놀이를 하면서 시간을 보냈다. 그때 하던 놀이는 '숨바꼭질, 윷놀이, 고무줄놀이' 등이었다. 그 중에서 내가 가장 좋아하던 놀이는 숨바꼭질과 고무줄놀이였다.

숨바꼭질은 여러 사람이 함께 할 수 있는 놀이인데 먼저 다 같이 가위바위보를 해서 술래를 정한다. 술래는 눈을 감고 다른 아이들이 모두 숨을 때까지 기다린다. 아이들은 나무 뒤나, 화장실 등 술래가 찾기 어려운 곳에 숨는데, 만약 술래가 숨은 아이를 찾으면 그 아이가 다음 술래가 된다.

고무줄놀이는 보통 여자 아이들이 하는 놀이인데 긴 고무줄 끝을 두 사람이 양쪽에서 잡으면 다른 아이들은 노래를 부르면서 고무줄을 넘는 놀이이다. 이때 장난을 좋아하는 남자 아이들은 자기가 좋아하는 여자 아이가 고무줄놀이를 하면 가위로 고무줄을 끊고 도망가는 일도 자주 있었다.

이런 놀이들을 하면서 자란 아이들은 날씨가 아무리 추워도 감기에 잘 걸리지 않았고 함께 놀면서 친구를 사귀는 법도 배울 수 있었다. 그러나 요즘 아이들은 공부를 하느라고 운동장에서 뛰어놀거나 친구들과 동네에서 놀이를 할 시간이 거의 없는 것 같다. 요즘 아이들도 마음대로 뛰어놀 시간이 있으면 좋겠다.

1. 위의 글을 읽고 맞으면 ○, 틀리면 × 하십시오.
   ① 나는 요즘 아이들과 숨바꼭질을 한다. (　　)
   ② 숨바꼭질을 할 때 술래는 눈을 감아야 한다. (　　)
   ③ 고무줄놀이는 가위바위보를 해서 술래를 정한다. (　　)
   ④ 요즘 아이들은 아무리 추워도 감기에 잘 걸리지 않는다. (　　)

2. 여러분은 어릴 때 주로 무슨 놀이를 했습니까? 여러분 나라의 놀이를 친구들에게 소개해 보십시오.

놀이	숨바꼭질	고무줄놀이	고무줄	가위바위보	술래	감다
숨다	나무	양쪽	가위	도망가다	뛰어놀다	마음대로

17 한글날은 한글을 만든 것을 기념하는 날이에요

I

민수 소피 씨, 다음 주에 백일장이 있는데 참가해 보는 게 어때요?

소피 백일장이 뭐예요? 처음 듣는 말이에요.

민수 글쓰기 대회를 백일장이라고 해요. 해마다 한글날을 기념하기 위해 우리 학교에서 백일장을 열어요.

소피 한글을 만든 것을 기념하는 날이 있어요?

민수 네, 10월 9일이에요. 그런데 소피 씨는 한글을 누가 만들었는지 알아요?

소피 네, 세종대왕이 만들었다고 들었어요.

민수 맞아요. 세종대왕이 백성들을 위해 누구나 쉽게 배울 수 있는 한글을 만들었어요.

소피 그렇군요. 그런데 제가 글쓰기를 잘할 수 있을지 모르겠어요. 한국말을 배운 지는 오래되었지만 글쓰기는 잘 못해요. 아직 자신이 없어요.

민수 너무 긴장하지 마세요. 보통 때처럼 쓰면 좋은 결과가 있을 거예요.

대답하세요

1. 왜 해마다 백일장을 엽니까?
2. 10월 9일은 무슨 날입니까?
3. 소피는 무엇에 자신이 없습니까?

단어와 표현

백일장	글쓰기	대회	한글날
기념하다	위하다	한글	세종대왕
백성	자신	동창회	

◉ 열다

- 은행 건너편에 피자 가게가 문을 열었습니다.
- 언제 동창회를 열면 사람들이 많이 올까요?
  - 토요일에 열면 사람들이 많이 올 거예요.
- 왜 그렇게 노래 연습을 열심히 해요?
  - 다음 주에 노래 대회가 열리는데 나도 참가하려고요.
-

◉ A/V-다고 듣다

- 상우 씨가 요즘 바쁜 것 같아요.
  - 네, 맞아요. 유학 준비를 하느라고 바쁘다고 들었어요.
- 이번 시험이 언제인지 알 수 있을까요?
  - 다음 주 금요일에 시험을 친다고 들었어요.
- 내일 비가 온다고 들었는데 축구 경기를 할 수 있을까요?
  - 비가 조금 온다고 하니까 괜찮을 거예요.
-

◉ 자신이 있다 (↔없다)

- 한국 요리에는 자신 있어요.
- 노래에 자신이 있는 사람이 누구예요?
- 말하기는 자신이 있는데 쓰기는 자신이 없어요.
-

문법 1 V-기 위해

- 그 배우를 보기 위해 외국에서 오는 사람도 많다.
- 집을 사기 위해 10년 전부터 돈을 모으고 있어요.
- 이번 시험에서 1등을 하기 위해 한 달 동안 열심히 준비했다.

연습

1. 〈보기〉와 같이 쓰세요.

> 보기 가 : 왜 또 커피를 마셔요?
> 나 : 수업 시간에 자지 않기 위해 커피를 마셔요.

1) 가 : 방학 계획은 세웠어요? (여름 방학을 잘 보내다)
   나 : 네, ______________________________.

2) 가 : 왜 이렇게 음식을 많이 샀어요? (졸업 축하 파티를 하다)
   나 : ______________________________.

3) 가 : 내일 안동에 간다고 들었어요. (탈춤 공연을 보다)
   나 : 네, ______________________________.

4) 가 : 요즘 춤과 노래를 배우고 있다고 들었어요. (뮤지컬 가수가 되다)
   나 : 네, ______________________________.

5) 가 : 어제 왜 부모님께 전화했어요? (부모님 생신을 축하하다)
   나 : ______________________________.

6) 가 : 왜 영화 표를 벌써 예매해요?
   나 : ______________________________.

문법 2 N을/를 위해

- 할아버지는 나라를 위해 싸우셨다.
- 아버지는 가족을 위해 술과 담배를 끊으셨다.
- 우리의 행복을 위해 우리가 할 수 있는 일이 뭐가 있을까요?

연 습

1. 〈보기〉와 같이 질문에 대답하세요.

> **보기** 가 : 어디에 가요?
> 나 : 몸이 아픈 친구를 위해 약국에 가요.

1) 가 : 뭘 하고 있어요?

   나 : ______________________ 식사를 준비하고 있어요.

2) 가 : 할아버지는 어떤 분이셨어요 ?

   나 : ______________________ 일하시던 분이셨어요.

3) 가 : 어머니는 항상 공부 이야기만 하세요.

   나 : ______________________ 그렇게 말씀하세요.

4) 가 : 어디에 가요?

   나 : ______________________ 한국어 책을 사러 가요.

5) 가 : 왜 글씨를 크게 써요?

   나 : ______________________ 글씨를 크게 써요.

6) 가 : 밥을 먹었는데 왜 빵을 사요?

   나 : ______________________ 빵을 사요.

II

민수 소피 씨, 어제 백일장 어땠어요?

소피 말하기에 비해 쓰기가 훨씬 어려운 것 같아요. 좋은 글을 쓰고 싶었는데 쉽지 않았어요.

민수 왜요?

소피 내 생각을 글로 표현하는 게 어려웠어요.

민수 무엇에 대해 썼어요?

소피 '잊을 수 없는 날'에 대해서 썼어요.

민수 소피 씨에게 '잊을 수 없는 날'은 언제예요?

소피 '외국인 학생 연극 대회'에서 1등을 한 날이에요. 내가 한국에 온 지 얼마 되지 않았을 때 '외국인 학생 연극 대회'가 있었어요. 한국말을 잘 못했지만 세 달 동안 열심히 연습해서 우리 반이 1등을 했어요.

민수 한국말을 잘 못했는데 어떻게 1등을 했어요?

소피 선생님이 가르쳐 주시는 대로 열심히 외우면서 연습했어요. 연습이 힘들었지만 우리는 아무도 포기하지 않았어요. 연습을 하는 동안 친구들과 더 가까워지고 1등을 한 후에는 한국어가 더 재미있어졌어요. 그래서 그날을 잊을 수 없어요.

대답하세요

1. 소피는 왜 말하기보다 쓰기가 어렵다고 합니까?
2. 소피의 친구들은 얼마 동안 연극 연습을 했습니까?
3. 소피는 왜 연극 대회를 잊을 수 없습니까?

단어와 표현

비하다	글	표현하다	등
아무	포기하다	젊다	이별

◉ N에 비해(서)

• 작년에 비해 이번 여름은 더 더운 것 같아요.
• 어머니께서 연세에 비해서 참 젊어 보이시네요.
• 시험을 잘 봤어요?
  - 제 실력에 비해 점수가 높게 나와서 기분이 좋아요.
•

◉ 표현하다

• 그 가수는 이번 노래에서 이별의 마음을 노래로 표현하고 있다.
• 내가 하고 싶은 말을 모두 한국말로 표현할 수 없어서 답답해요.
• 더 멋있는 그림도 많은데 왜 저 그림을 좋아해요?
  - 제 마음을 그림으로 표현해 놓은 것 같아서요.
•

◉ V-는 동안

• 한국에 있는 동안 건강하게 지내려면 밥을 잘 먹어야 해요.
• 일이 금방 끝나니까 조금만 기다려 주세요. 미안해요.
  - 걱정 마세요. 기다리는 동안 책 읽고 있을게요.
• 이번 여행이 좋았다고 들었어요.
  - 네, 여행하는 동안 느낀 것들은 잊을 수 없을 거예요.
•

문법 아무 N도

- 면접 볼 때 너무 긴장해서 아무 말도 못했어요.
- 다음 주에 유학을 떠나죠? 필요한 거 있으면 말해요.
  – 아무 것도 필요 없어요. 모두 준비했어요.
- 한국에서 여기저기 여행을 많이 했어요?
  – 아니요, 회사 일이 바빠서 아무 데도 못 가 봤어요.

연 습

1. 〈보기〉와 같이 문장을 완성하세요.

> 보기 가 : 제니퍼 씨는 어떤 운동을 잘해요?
> 나 : 저는 운동에는 자신이 없어요. 잘하는 게 아무 것도 없어요.

1) 가 : 이번 휴가 계획 세웠어요?
   나 : 아니요, 아직 ________ 세우지 못했어요.

2) 가 : 어제 뭐 했어요? 시내에 갔어요?
   나 : 아니요, 날씨가 추워서 ________ 안 갔어요.

3) 가 : 왜 이렇게 밥을 많이 먹어요?
   나 : 아침부터 바빠서 ________ 못 먹었거든요. 배가 너무 고파서요.

4) 가 : 이사 준비는 다 했어요?
   나 : 아니요, 아직 ________ 못했어요.

5) 가 : 친구에게 같이 쇼핑 가자고 이야기했어요?
   나 : 아니요, 친구가 너무 바빠 보여서 ________ 하지 못했어요.

6) 가 : 왜 이렇게 일찍 왔어요? 오늘 친구를 만난다고 했잖아요.
   나 : 피곤해서 오늘은 ________ 안 만나기로 했어요.

종합연습

1. 다음 표현을 이용해서 대화를 완성하세요.

열다	기념하다	참가하다
표현하다	자신이 있다	자신이 없다

1) 가 : 내일 약속 잊지 않았죠? 꼭 오세요.

   나 : 네, 잊지 않았어요. 투이 씨의 책이 나온 것을 ________

   파티니까 꼭 갈게요.

2) 가 : 제니퍼 씨 결혼식 때 노래를 불러 주려고 하는데 같이 해요.

   나 : 노래를 듣는 것은 좋아하지만 노래 부르는 건 ________.

   저는 안 하는 게 좋겠어요.

3) 가 : 상우 씨가 글쓰기 대회에서 일등을 했다고 들었어요.

   나 : 그래요? 어떤 내용으로 글을 썼다고 해요?

   가 : 상우 씨가 부모님을 생각하는 마음을 ________.

4) 가 : 소영 씨가 우리 집에서 가까운 곳에 서점을 ________ 들었어요.

   나 : 네, 맞아요. 자주 가서 책 구경합시다. 차도 마시고요.

5) 가 : 내일 파티에서 먹을 음식은 어떻게 준비할까요?

   나 : 자기가 ________ 음식을 만들어 오는 것은 어때요?

   가 : 네, 좋은 것 같아요. 그렇게 합시다.

6) 가 : 다음 주에 요리 대회가 있는데, 알아요?

   나 : 물론이지요. 저도 ________ 오늘 신청했어요.

2. 친구들과 이야기해 보세요.

질 문	대 답
여러분 나라에는 어떤 기념일이 있어요?	
화가 나면 여러분은 어떻게 표현해요?	
여러분은 어떤 것에 자신이 있어요/없어요?	
한국에 오기 전에 한국에 대해 어떻다고 들었어요?	

3. 아래의 〈보기〉처럼 이야기해 보세요.

보기 가 : 잊을 수 없는 사람이 있어요?
나 : 네, 초등학교 때 우리 집 옆에 살던 친구예요. 항상 같이 다녀서 사람들이 형과 동생이냐고 물었어요.

질 문	대 답
잊을 수 없는 사람	
잊을 수 없는 선물	
잊을 수 없는 장소	
잊을 수 없는 음식	
잊을 수 없는 말	

4. 다음 문법들을 사용하여 문장을 완성하세요.

V-기 위해	아무 N도	N에 비해
A/V-다고 듣다	V-는 동안	

1) 가 : 티누 씨, 배낭여행을 간다고 들었어요. 돈이 많이 필요하지 않아요?

나 : 지난 3월부터 배낭여행을 ______________ 아르바이트를 하고 있어요.

2) 가 : 이번 여행도 친구들과 같이 가는 거예요?

나 : 아니요, 친구들이 모두 고향에 돌아가고 ______________ 없어서 이번에는 혼자 가요.

3) 가 : 아이 때문에 아무 것도 할 수가 없어요. 오늘은 세수도 못했어요.

나 : 저도 5년 전에는 그랬어요. 아이가 ______________ 쉬어야 해요.

4) 가 : 어제 동아리 모임에 ______________. 연습 많이 했어요?

나 : 아뇨, 사람들이 별로 많이 오지 않아서 이야기만 하다가 왔어요.

5) 가 : 음식이 참 맛있네요.

나 : 네, 맛이나 양______________ 값도 싼 편이에요.

5. 'N을/를 위해', 'V-기 위해'를 사용하여 문장을 완성하세요.

1) 부모님은 ______________________________.

2) 경찰은 ______________________________.

3) 의사는 ______________________________.

4) 친구는 ______________________________.

5) 나는 ______________________________.

6. 여러분의 '잊을 수 없는 날'은 언제입니까? 왜 그날을 잊을 수 없습니까? 써 봅시다.

제목 : 잊을 수 없는 날

7. 잘 듣고 맞으면 O, 틀리면 X 하세요.

1) 어머니를 여행 보내 드리려고 전화했다. (   )

2) 어머니는 오빠가 노래하는 것을 좋아한다. (   )

3) 동생은 어머니 생일 파티 때문에 전화했다. (   )

4) 동생은 부모님께 편지를 쓸 것이다. (   )

5) 두 사람은 어머니께 드릴 선물을 아직 정하지 못했다. (   )

읽기

♣ 다음 글을 잘 읽고 질문에 대답하십시오.

제목 : 잊을 수 없는 날

소피

나는 일 년 전 '외국인 연극 대회' 날을 아직도 잊을 수가 없다. ㉠그때 나는 한국에 온 지 얼마 안 되어서 한국말에 자신이 없었다. ㉡우리 반 학생들도 모두 나와 마찬가지로 한국말에 자신이 없을 때였다. ㉢그러나 우리 선생님은 우리가 연극에 참가하기를 원하셨다. ㉣우리는 '심청전'을 선택했다. '심청전'에는 어려운 단어가 많이 나와서 선생님은 우리를 위해 대사를 쉬운 말로 바꾸어 연극 대본을 다시 써 주셨다. 연극 대사를 모두 외우기가 쉽지 않아서 우리는 매일 밤늦게까지 대사를 외우고 발음 연습을 했다. 연습하면서 연극 소품도 같이 준비했다.

연극을 하는 날이 되었다. 실수를 할 것 같아서 무대에 올라가기 전에 우리는 모두 걱정을 많이 했다. 등에서 땀이 흐르고 입이 말랐다. 선생님도 우리와 함께 긴장을 하셨다. 무대에서 우리는 긴장은 좀 했지만 대사를 잊어버리지도 않았고 큰 실수도 하지 않았다. 연습할 때를 생각하면서 보통 때보다 더 열심히 했다.

우리 반이 1등을 했다. 우리는 모두 기뻤다. 너무 기뻐서 우는 친구도 있었다. 선생님도 우셨고 나도 눈물이 났다. 우리는 오랫동안 무대를 떠나지 못하고 울다가 웃고, 웃다가 울었다. 나는 그날을 영원히 잊을 수가 없을 것 같다.

1. 글의 내용과 같은 것을 고르십시오.
   ① 소피는 연극을 하다가 실수를 했다.
   ② 학생들이 '심청전'의 대사를 쉽게 고쳤다.
   ③ 소피 반 학생들은 한국말에 자신이 있었다.
   ④ 친구들은 연극 대회를 위해 소품을 준비했다.

2. 다음 내용이 들어갈 곳을 고르십시오.

그래서 우리는 연극을 하기로 했다

① ㉠ ② ㉡ ③ ㉢ ④ ㉣

대사	대본	소품	무대	잊어버리다
실수	오랫동안	영원히		

18 창밖으로 바다가 보여서 전망이 좋아요

I

제니퍼 여보세요. 샤오밍 씨, 오래간만이에요.

샤오밍 안녕하세요, 제니퍼 씨. 이사 잘했어요? 못 도와줘서 미안해요. 짐 정리는 끝났어요?

제니퍼 아니요, 아직 정리를 덜 해서 집이 엉망이에요. 주말쯤 되어야 정리가 끝날 것 같아요.

샤오밍 그런데 이사한 곳은 어때요?

제니퍼 해운대 근처에 있는 아파트인데 창밖으로 바다가 보여서 전망이 아주 좋아요. 그리고 창문을 열면 갈매기 소리와 파도 소리가 들려요.

샤오밍 좋은 곳이네요. 집은 마음에 들어요?

제니퍼 네, 좀 작지만 새집이라서 깨끗해요. 다음 주말에 집들이를 하려고 해요. 별일 없으면 티누 씨와 함께 놀러 오세요.

샤오밍 알겠어요. 꼭 가도록 할게요.

대답하세요

1. 제니퍼가 이사한 아파트는 어디에 있습니까?
2. 이사한 집은 어떻습니까?
3. 제니퍼는 샤오밍에게 왜 전화를 했습니까?

단어와 표현

정리	덜	엉망	전망	갈매기	파도	들리다
집들이	쌓다	쌓이다	쫓다	쫓기다	쓰이다	놓이다
바뀌다	먹히다	읽히다	닫히다	잡히다	막다	막히다
팔리다	열리다	걸다	걸리다	풀리다	안다	안기다
씻기다	감기다	끊기다				

◉ 정리

- 티누의 책상은 항상 정리가 잘 되어 있다.
- 학생들이 어제 교실을 깨끗하게 정리하고 청소했습니다.
- 당근을 냉장고 안에 넣어 두었는데 아무리 찾아도 없네요.
  - 매일 그렇게 찾지 말고 냉장고 정리를 좀 하세요.
-

◉ 덜

- 난 이 사탕이 초콜릿보다 덜 단 것 같은데.
- 우리 밖에 나가서 놀까?
  - 아직 숙제를 덜 해서 밖에 나갈 수 없으니까 먼저 가.
- 티누 씨, 왜 집에 안 가세요?
  - 일이 덜 끝나서 집에 못 가고 있어요.
-

◉ 엉망이다

- 방금 일어나서 머리가 엉망이에요.
- 며칠 동안 청소를 안 해서 집이 엉망이군요.
- 눈 때문에 길이 엉망이니까 조심해서 운전하세요.
-

문법 피동사 V-이/히/리/기-

- 밖에서 바람 소리가 들린다.
- 집 앞에 눈이 많이 쌓여 있어요.
- 쥐가 고양이에게 쫓기고 있어요.

이		히		리		기	
보다	보이다	먹다	먹히다	듣다	들리다	안다	안기다
쓰다	쓰이다	읽다	읽히다	팔다	팔리다	씻다	씻기다
놓다	놓이다	닫다	닫히다	열다	열리다	감다	감기다
쌓다	쌓이다	잡다	잡히다	걸다	걸리다	쫓다	쫓기다
바꾸다	바뀌다	막다	막히다	풀다	풀리다	끊다	끊기다

연 습

1. 〈보기〉와 같이 바꾸세요.

보기 교실에서 산을 봅니다. ⇒ 교실에서 산이 보입니다.

1) 친구가 전화를 끊었어요. ⇒ ______

2) 창문 옆에 거울을 걸었어요. ⇒ ______

3) 선생님께서 문을 닫았어요. ⇒ ______

4) 할머니가 아기를 안았어요. ⇒ ______

5) 이 컴퓨터를 가장 많이 팔았어요. ⇒ ______

6) 친구가 전화번호를 바꿨어요. ⇒ ______

2. 〈보기〉와 같이 알맞게 넣어 보세요.

팔다 보다 풀다 닫다 열다 듣다

보기 ① 호텔 앞에 서서 바다를 (보고 있어요).
② 창문을 열면 바다가 (보여요).

1) ① 어제는 사과와 배를 많이 ( ).
② 오늘은 무슨 과일이 잘 ( )?

2) ① 은행은 몇 시에 문을 ( )?
② 4시 반에 은행 문이 ( ).

3) ① 수학 문제 많이 ( )?
② 아니요, 잘 안 ( ).

4) ① 지금 ( ) 노래 제목이 뭐예요?
② 밖에서 무슨 노래가 ( ) 것 같아요.

5) ① 추운데 문 좀 ( ) 주세요.
② 교실 문이 안 ( ).

3. 〈보기〉와 같이 ( ) 안에 있는 단어를 바꿔 쓰세요.

보기 집 앞에 눈이 많이 쌓여 있어요. (쌓다)

1) 오늘이 일요일인데 약국 문이 ________? (열다)

2) 책상 위에 ________ 책 좀 주세요. (놓다)

3) 이름이 ________지 않아서 누구 사전인지 모르겠어요. (쓰다)

4) 옷장 안에 ________ 코트 좀 가지고 오세요. (걸다)

II

제니퍼 어서 들어오세요. 부산까지 오느라고 힘들었지요?

샤오밍 아니에요. 오랜만에 기차 여행을 하니까 기분이 좋았어요.

티 누 집이 참 멋있네요. 이건 집들이 선물이에요.

제니퍼 고마워요. 선물이 정말 많네요.

샤오밍 한국에서는 부자가 되라는 뜻으로 휴지와 가루비누를 선물한다고 들었어요. 그래서 많이 사 왔어요.

제니퍼 고마워요. 샤오밍 씨와 티누 씨 덕분에 앞으로 좋은 일이 많이 생기겠어요. 배고프지요? 우리 밥부터 먹을까요?

티 누 음식을 정말 많이 준비했네요. 이걸 어떻게 다 먹지요?

제니퍼 제가 손이 좀 커서 그래요. 천천히 많이 드세요.

샤오밍 그런데 제니퍼 씨는 왜 갑자기 부산으로 이사했어요?

제니퍼 남편이 부산에서 일을 하게 되었어요.

샤오밍 그럼, 제니퍼 씨 직장은 어떻게 해요?

제니퍼 다음 달부터 집 근처에 있는 학교에서 영어를 가르치기로 했어요.

대답하세요

1. 샤오밍과 티누는 무엇을 사 갔습니까?
2. 집들이 할 때 왜 휴지와 가루비누를 선물합니까?
3. 제니퍼는 왜 부산으로 이사를 했습니까?

단어와 표현

부자	휴지	가루비누	덕분
앞으로	생기다	직장	행동
꽃집			

◉ 앞으로

- 죄송합니다. 앞으로 더 열심히 공부하겠습니다.
- 앞으로 그런 행동을 하지 마세요. 보기 안 좋아요.
- 대학교에 입학했으니까 앞으로는 공부해야 할 양이 더 많을 거예요.
-

◉ N이/가 생기다

- 학교 앞에 꽃집이 새로 생겼어요.
- 내 친구 지영이는 나에게 기쁜 일이 생기면 제일 먼저 와서 축하해 준다.
- 저에게 영화 표가 두 장 생겼는데 주말에 같이 갈래요?
  - 네, 좋아요. 몇 시에 만날까요?
-

◉ 손이 크다

- 내 친구는 손이 커서 항상 물건을 너무 많이 사요.
- 이 식당은 음식 양이 많아서 좋아요. 식당 아주머니가 손이 크신 것 같아요.
- 과일을 왜 이렇게 많이 샀어요? 이 주 동안 먹어도 남겠네요.
  - 제가 손이 좀 크거든요.
-

문법 1 V-(으)ㄴ/는 덕분에, N 덕분에

- 걱정해 주신 덕분에 병이 빨리 나았어요.
- 친구가 빌려준 책 덕분에 시험을 잘 봤어요.
- 열심히 공부한 덕분에 장학금을 받게 되었습니다.

연 습

1. 〈보기〉와 같이 만드세요.

> 보기
>
> 선생님께서 잘 가르쳐 주셨어요. 그래서 이번 시험에 합격하게 되었어요.
>
> → 선생님께서 잘 가르쳐 주신 덕분에 이번 시험에 합격하게 되었어요.

1) 친구가 많이 도와줬어요. 그래서 좋은 자취방을 찾게 되었어요.

→ ____.

2) 열심히 운동을 했어요. 그래서 요즘 건강이 좋아졌어요.

→ ____.

3) 매일 3시간씩 연습했어요. 그래서 피아노를 잘 치게 되었어요.

→ ____.

4) 한국 친구를 많이 사귀었어요. 그래서 한국어를 잘하게 되었어요.

→ ____.

5) 선생님이 사전을 빌려 주셨어요. 그래서 시험을 잘 볼 수 있었어요.

→ ____.

6) 친구 부모님께서 저를 초대해 주셨어요. 그래서 명절을 외롭지 않게 보낼 수 있었어요.

→ ____.

문법 2 V-게 되다

- 어떻게 한국에 오게 되었어요?
- 여러분을 만나게 돼서 정말 기뻐요.
- 졸업 후에는 병원에서 일하게 될 것 같아요.

연 습

1. 〈보기〉와 같이 만드세요.

> 보기 가 : 취직했어요? (컴퓨터 회사, 다니다)
> 나 : 네, 컴퓨터 회사에 다니게 되었어요.

1) 가 : 김 선생님은 이번에 몇 급을 가르치세요? (3급을 가르치다)
   나 : ______________________________.

2) 가 : 어떻게 그 식당에서 일하게 되었어요? (친구의 소개로 일하다)
   나 : ______________________________.

3) 가 : 제니퍼 씨, 이사 가세요? (대구로 이사 가다)
   나 : 네, ______________________________.

4) 가 : 상우 씨는 담배를 안 피우세요? (담배를 끊다)
   나 : 건강 때문에 ______________________________.

5) 가 : 요즘도 여행사에 다니고 있어요?
   나 : 아니요, 지난달부터 ______________________________.

6) 가 : 팀 씨, 왜 여행을 안 갔어요?
   나 : 감기에 걸려서 ______________________________.

종합연습

1. 〈보기〉에서 알맞은 어휘를 골라서 써 넣으세요.

보기	생기다	손이 크다	엉망이다	정리하다

1) 가 : 옷이 왜 이렇게 (   )?
   나 : 우산이 없어서 비를 맞았어요.

2) 가 : 투이 씨, 좋은 일이 (   )? 기분이 좋아 보여요.
   나 : 네, 이번에 장학금을 받게 되었어요.

3) 가 : 이 식당은 음식 맛은 좋은데 양이 너무 적어요.
   나 : 맞아요. 아주머니가 좀 더 (   )면 좋겠어요.

4) 가 : 교실이 왜 이렇게 엉망이에요?
   나 : 오늘 여기에서 그림 그리기를 하고 아직 (   ).

2. 다음 문법을 이용해서 대화를 완성하세요.

V-게 되다	N 덕분에	V-(으)ㄴ/는 덕분에

가 : 팀 씨, 어제는 목감기 때문에 말도 못했는데 오늘은 괜찮네요.
나 : 네, 어제 병원에 ____________ 오늘은 많이 좋아졌어요.
가 : 그런데 지금 어디에 가요?
나 : 비행기 표를 사러 여행사에 가요. 다음 달부터 세 달 동안 세계 여행을 떠나거든요.
가 : 와, 정말요? 좋겠어요. 그런데 세계 여행을 하려면 비용이 많이 들지 않아요?
나 : 휴일에도 쉬지 않고 열심히 ____________ 돈을 많이 모았어요.
세계 여행을 하는 건 어릴 때부터 제 꿈이었어요.
가 : 팀 씨 정말 멋있어요. 꿈대로 하는 사람은 별로 없는데 대단해요.
나 : 어머니께서 열심히 해서 안 되는 일은 없다고 말씀하셨어요. 어머니 말씀 ____________ 힘들거나 어려운 일이 있을 때도 ____________.
가 : 멋있는 어머니에 멋있는 아들이네요.

3. 다음 그림을 보고 글을 완성하세요.

여기는 내가 자주 가는 커피숍이다. 이 커피숍은 주인이 직접 구워 주는 케이크와 과자가 예쁘고 맛있기로 유명하다. 커피숍에 들어가는 문에는 '어서 오세요. 사랑합니다'라고 1) 쓰여 있다. 이것을 보면 들어갈 때부터 기분이 좋아진다. 커피숍에 들어가면 먼저 벽에 2) ____________ 시원한 바다 그림이 3) ____________. 그림 옆에는 큰 창문이 4) ____________고 창 밖으로 아름다운 산이 5) ____________. 산 경치를 보면서 커피를 마시면 눈과 마음이 편해진다. 책상 위에는 책과 잡지, 그리고 여행 엽서들이 6) ____________는데 누구나 와서 볼 수 있다. 나는 약속 시간보다 일찍 가게 되면 잡지책을 보면서 기다린다. 책상 옆에 있는 꽃병에는 항상 꽃이 7) ____________. 그리고 창문 옆으로 큰 피아노가 8) ____________는데 매일 8시에는 주인 아주머니가 피아노를 연주해 준다. 그 피아노 소리는 정말 아름답게 9) ____________. 걱정이나 힘든 일이 있을 때 이 커피숍에 가서 맛있는 커피와 케이크도 먹고 음악도 들으면 마음이 편해진다. 그리고 그동안 10) ____________ 걱정도 사라진다. 그래서 나는 자주 이곳에 간다.

5. 다음 대화를 잘 듣고 여자가 할 말을 고르세요.

1) ① 저와 함께 내일 가 봐요.
② 지난주에 한 번 갔어요.
③ 옆집에 사는 친구가 소개해 줘서요.

2) ① 제 동생도 그 회사에 다니고 있어요.
② 그 회사는 제 성격에 맞아서 다행이에요.
③ 저희 학교 교수님이 소개해 준 덕분이에요.

3) ① 저기에다가 걸어 놔.
② 여기 의자 밑에 놓여 있네.
③ 친구 덕분에 모자를 찾았어.

6. 여러분 나라의 집들이 선물에 대해서 이야기해 보세요.

무슨 선물을 해요?	왜 그 선물을 해요?
무슨 선물을 하면 안 돼요?	**왜 그 선물을 하면 안 돼요?**

읽기

♣ 다음 글을 잘 읽고 질문에 대답하십시오.

한국에는 특별히 이사하기 좋은 날이 있다. 한국의 달력에 '이사하는 날'이라고 쓰여 있는 것을 볼 수 있는데, 그 날을 '손 없는 날'이라고도 한다. '손'은 사람에게 나쁜 일을 하는 귀신이라는 뜻인데, 그 귀신이 하늘에 가는 날이 바로 손 없는 날이다. 그날을 선택해서 이사를 하면 귀신이 나쁜 일을 못하기 때문에 많은 사람들이 손 없는 날에 이사를 하려고 한다.

이사를 하는 날에는 팥으로 떡을 만들어 이웃들과 나눠 먹는다. 한국 사람들은 귀신이 팥의 붉은색을 싫어해서 집안에 못 들어온다고 생각하기 때문이다. 이삿짐을 다 정리하면 친구와 친척을 초대해서 '집들이'를 하는데 옛날에는 '팥죽'을 만들어 한 그릇씩 먹었다고 한다. 이렇게 하면 팥죽의 붉은색을 보고 나쁜 귀신들이 도망간다고 한다. 또, 집들이를 할 때는 많이 웃고 많이 이야기를 하면서 떠들어야 나쁜 일이 안 생긴다고 한다. 그래서 집들이 때는 조금 시끄러워도 이웃들이 이해해 준다.

그러나 요즘은 전통적인 이사 문화가 점점 사라지고 있다. 자기가 이사하기 편한 날을 골라서 이사하는 사람도 많고 귀신을 특별히 무서워하지도 않는다. 하지만 집들이 문화는 아직 남아 있어서 이사 후에 사람들을 새집으로 초대해서 함께 음식을 나눠 먹으면서 논다. 우리가 함께 지켜야 할 아름다운 풍습이다.

1. 이사하는 날을 다른 말로 무엇이라고 하는지 찾아 쓰십시오.

2. 왜 팥으로 떡을 합니까?

3. 글의 내용과 같은 것을 고르십시오.
   ① '손'은 집에 오는 손님이다.
   ② 귀신은 붉은색을 아주 좋아한다.
   ③ 이사할 때는 이웃에게 팥죽을 나눠 준다.
   ④ 한국의 달력에는 이사하는 날이 쓰여 있다.

특별히	귀신	팥	이웃	나누다
붉은색	이삿짐	팥죽	떠들다	새집

19 어떤 사람을 좋아해요?

I

소영 마리 씨, 우리 오빠 선물을 사러 가는데 같이 가지 않을래요?

마리 소영 씨한테 오빠가 있어요?

소영 네, 오빠가 있다고 내가 이야기 안 했어요? 지난달에 군대에서 제대해서 다음 학기에 복학해요. 그런데 매일 여자 친구를 소개시켜 달라고 해서 미치겠어요. 좀 외로운가 봐요.

마리 오빠가 몇 살이에요?

소영 저보다 한 살 많아요.

마리 그래요? 그럼, 저보다 두 살 어리네요.

소영 마리 씨, 남자 친구 없으면 우리 오빠 한번 만나 볼래요?

마리 정말요? 내가 나이가 더 많은데 괜찮을까요? 한국 사람한테는 나이가 중요하다고 들었어요.

소영 걱정하지 마세요. 우리 오빠는 나이는 상관없다고 했어요. 오히려 나이가 한두 살 많은 여자가 좋다고 했어요.

마리 오빠는 어떤 사람을 좋아해요?

소영 재미있고 활발한 사람을 좋아해요.

대답하세요

1. 소영의 오빠는 지금 군대에 있습니까?
2. 마리는 무엇을 걱정합니까?
3. 소영의 오빠는 어떤 사람을 좋아합니까?

단어와 표현

군대　　제대하다　　복학하다　　미치다
상관없다　　오히려　　활발하다

◉ A/V-(으)ㄴ/는데 괜찮아요?

- 20분 정도 기다려야 되는데 괜찮아요?
- 그 수업은 외국 학생한테 힘들다고 들었는데 괜찮아요?
- 이 컴퓨터는 좀 오래된 것인데 괜찮아요?
  - 인터넷만 되면 괜찮아요.
-

◉ 상관없다

- 늦어도 상관없으니까 꼭 오세요.
- 날씨와는 상관없이 내일 출발할 거라고 해요.
- 가격은 상관없으니까 마음에 드는 것을 고르세요.
-

◉ 오히려

- 설탕을 많이 넣으면 너무 달아서 오히려 맛이 없어요.
- 내가 잘못한 일인데 오히려 친구가 먼저 미안하다고 말했어요.
- 이 시간에는 길이 복잡해서 택시를 타면 오히려 시간이 더 걸릴 거예요.
-

문법 1 A-(으)ㄴ가 보다, A-았/었나 보다

- 밖에 날씨가 많이 추운가 봐. 사람들이 옷을 많이 입었네.
- 티누 씨가 어제 하루 종일 잤다고 해요. 많이 피곤했나 봐요.
- 어제 팀 씨가 많이 바빴나 봐요. 밥도 못 먹고 일했다고 해요.

연 습

1. 〈보기〉와 같이 쓰세요.

> 보기 가 : 마리 씨 얼굴이 안 좋아 보여요.
> 나 : 아픈가 봐요.

1) 가 : 선생님께서 교실에 들어오시자마자 에어컨을 켜셨어요.
   나 : ______________________________.

2) 가 : 상우 씨가 요즘 많이 피곤해 보여요.
   나 : ______________________________.

3) 가 : 저 식당에는 사람이 항상 많아요.
   나 : ______________________________.

4) 가 : 시험이 끝났는데 팀 씨는 기분이 안 좋아 보여요.
   나 : ______________________________.

5) 가 : 국에 소금을 많이 넣어 먹네요.
   나 : ______________________________.

6) 가 : 티누 씨가 이번에도 또 1등을 했다고 해요.
   나 : ______________________________.

문법 2 V-나 보다, V-았/었나 보다

• 수업이 끝났나 봐요. 학생들이 모두 집으로 가요.
• 팀 씨가 잘 못 걸어요. 축구하다가 다쳤나 봐요.
• 제니퍼 씨가 전화를 안 받네요.
  – 자나 봐요. 아까 머리가 아프다고 했어요.

연습

1. 〈보기〉와 같이 쓰세요.

보기 가 : 상우 씨의 눈이 빨개요.
나 : 어젯밤에 잠을 못 잤나 봐요.

1) 가 : 맛있는 냄새가 나요.
   나 : ______________________.

2) 가 : 샤오밍 씨가 대답을 안 해요.
   나 : ______________________.

3) 가 : 소영 씨는 미국인 친구가 많아요.
   나 : ______________________.

4) 가 : 투이 씨가 노래 대회에서 1등을 했다고 해요.
   나 : ______________________.

5) 가 : 김 선생님은 학생들한테 인기가 많아요.
   나 : ______________________.

6) 가 : 상우 씨가 이번에 장학금을 못 받았다고 해요.
   나 : ______________________.

II

영수 마리 씨죠?

마리 네, 맞아요. 소영 씨의 오빠인가요?

영수 네, 만나서 반가워요. 제 이름은 김영수라고 해요.

마리 다음 학기에 복학을 한다고 들었는데 전공이 뭐예요?

영수 의상 디자인이에요. 나중에 누구보다 유명한 의상 디자이너가 되는 게 제 꿈이에요.

마리 어쩐지 옷을 멋있게 잘 입었다고 생각을 했어요.

영수 고마워요. 마리 씨는 어떤 사람을 좋아해요?

마리 저는 성격이 조금 여성적인 남자를 좋아해요. 친절하고 여자를 더 잘 이해해 주는 것 같아서요. 영수 씨는요?

영수 저는 내성적인 사람보다는 좀 활발하고 자신감 있는 사람을 좋아해요. 같이 다니면 재미있을 것 같아서요.

마리 영수 씨는 성격이 외향적인가 봐요.

영수 그런 말을 많이 들었어요. 그런데 저는 내성적인 편이에요.

대답하세요

1. 영수는 학교에서 무엇을 공부합니까?
2. 마리는 어떤 사람을 좋아합니까?
3. 영수는 성격이 어떻습니까?

단어와 표현

전공	의상	디자이너	어쩐지
여성적	내성적	자신감	외향적
남성적	이국적	세계적	전통적

◉ 누구보다 / 어디보다 / 무엇보다

- 무엇보다 중요한 것은 건강이에요.
- 설악산의 단풍은 어디보다 아름다워요.
- 그분은 누구보다 부지런한 의사이십니다.
-

◉ 어쩐지

- 미나 씨가 영수 씨의 누나라고 해요.
  - 어쩐지 두 사람이 많이 닮은 것 같았어요.
- 그 두 사람이 사귄 지 한 달쯤 됐을 거예요.
  - 어쩐지 두 사람이 아주 가까워 보였어요.
- 이 가방 예쁘지요? 이번에 어머니가 외국에서 사 오신 거예요.
  - 어쩐지 참 이국적인 것 같았어요.
-

◉ A/V-다고 생각하다, N(이)라고 생각하다

- 티누 씨는 한국말을 너무 잘해서 한국 사람 같다고 생각했어요.
- 영수 씨는 언제나 다른 사람들을 잘 도와줘요.
  - 맞아요. 참 친절한 사람이라고 생각해요.
- 준호 씨는 고등학교 때 학교 대표 농구 선수였다고 해요.
  - 어쩐지 운동을 잘한다고 생각을 했어요.
-

문법 1 N-적

- 파리의 에펠탑은 세계적으로 유명합니다.
- 저는 좀 여성적인 사람을 만나고 싶습니다.
- 제 동생은 성격이 외향적이어서 친구가 많습니다.

여성적	내성적	한국적	전통적
남성적	외향적	이국적	세계적

연습

1. 〈보기〉에서 알맞은 말을 골라 쓰세요.

보기 남성적 내성적 전통적 외향적 이국적 한국적

1) 가 : 투이 씨는 어떤 사람을 좋아해요?
   나 : 저는 운동을 잘하고 성격이 ____________인 사람을 좋아해요.

2) 가 : 가장 ____________인 음식이 뭐라고 생각해요?
   나 : 김치라고 생각해요.

3) 가 : 사람들은 왜 그렇게 제주도에 많이 가요?
   나 : 날씨가 따뜻하고 경치가 ____________이어서 많이 가나 봐요.

4) 가 : 샤오밍 씨의 어머니는 어떤 분이세요?
   나 : 제 어머니는 ____________이어서 처음 만나는 사람과 말씀을 잘 못하세요.

5) 가 : 한국의 ____________인 놀이 중에서 무엇을 가장 좋아해요?
   나 : 온 가족이 모여서 함께 할 수 있는 윷놀이를 가장 좋아해요.

6) 가 : 여러분은 어떤 사람을 좋아해요?
   나 : 저는 ____________인 사람을 좋아해요.

문법 2 N-인가 보다, N-였나/이었나 보다

- 상우 씨가 어릴 때는 내성적이었나 봐.
- 학교가 조용한 걸 보니 방학인가 봐요.
- 저게 팀 씨가 새로 산 오토바이인가 봐요.

연 습

1. 〈보기〉와 같이 쓰세요.

보기 가 : 갑자기 시끄러워졌어요.
나 : 쉬는 시간인가 봐요.

1) 가 : 저 사람이 노래를 정말 잘하네요.
나 : ______________________________.

2) 가 : 그 영화를 본 게 언제였어요?
나 : 금요일에 시내에 갔다가 영화를 봤으니까 ______________.

3) 가 : 백화점에 사람이 아주 많아요.
나 : ______________________________.

4) 가 : 샤오밍 씨 옆에 서 있는 사람은 누구예요?
나 : ______________________________.

5) 가 : 아까 마리 씨가 꽃과 선물을 받는 걸 봤어요.
나 : ______________________________.

6) 가 : 나가는 문이 어디지요?
나 : ______________________________.

종합연습

1. 〈보기〉와 같이 대화를 완성하세요.

> 보기 가 : 요즘 팀 씨를 못 본 것 같아요.
> 나 : 방학이라서 여행을 갔나 봐요.

1) 가 : 샤오밍 씨는 주말마다 산에 가요.
   나 : ______________________________.

2) 가 : 아사코 씨가 밥을 2그릇이나 먹네요.
   나 : ______________________________.

3) 가 : 소영 씨는 베트남 식당에 자주 가요.
   나 : ______________________________.

4) 가 : 그 영화를 보면서 우는 사람들이 많았어요.
   나 : ______________________________.

5) 가 : 제니퍼 씨가 시험을 아주 잘 쳤어요.
   나 : ______________________________.

6) 가 : 오늘 선생님 기분이 좋아 보이시네요.
   나 : ______________________________.

7) 가 : 며칠 전에 산 옷을 다른 옷으로 바꾸었어요.
   나 : ______________________________.

8) 가 : 저기 김 선생님하고 같이 가는 저 분은 누구일까요?
   나 : ______________________________.

9) 가 : 마리 씨는 요즘 저녁을 먹지 않는 것 같아요.
   나 : ______________________________.

2. 〈보기〉와 같이 '오히려'를 사용해서 문장을 만드세요.

보기 듣기 시험이 어려울 거라고 생각했는데 오히려 문법 시험이 어려웠어요.

1) 영수는 잘못을 했는데도 사과하지 않고 오히려 ________________.

2) 노란색 블라우스가 다 팔려서 분홍색 블라우스를 샀는데 오히려 ________________.

3) 하루에 커피 한 잔 정도 마시는 것은 오히려 ________________.

4) 아무리 좋은 약도 많이 먹으면 오히려 ________________.

5) 그 사람이 나를 싫어한다고 생각했는데 오히려 ________________.

6) 유명한 회사에 취직해서 아주 좋을 거라고 생각했는데 오히려 ________________.

3. 빈 칸에 알맞은 단어를 쓰세요.

어리다	복학하다	미치다	외롭다

1) 가 : 소영 씨 오빠는 ________면 몇 학년이에요?
나 : 3학년이에요.

2) 가 : 외국에서 혼자 생활하니까 ________지 않아요?
나 : 처음에는 그랬는데 이제는 친구들이 많이 생겨서 괜찮아요.

3) 가 : 왜 상우는 다른 사람 생각은 하지 않고 항상 마음대로 행동할까?
나 : 아직 나이가 ________서 그런 거니까 이해하자.

4) 가 : 잃어버린 지갑은 찾았어요?
나 : 지갑 안에 중요한 게 많이 들었는데 아직 못 찾아서 ________.

4. '-고 생각하다'를 사용해서 이야기해 보세요.

1) 인터넷 쇼핑에 대해서 어떻게 생각해요?

2) 다른 사람의 시험지를 보고 쓰는 것에 대해 어떻게 생각해요?

3) 컴퓨터가 없는 생활에 대해 어떻게 생각해요?

4) 여자들이 군대에 가는 것에 대해 어떻게 생각해요?

5. 어떤 사람을 만나고 싶어하는지 잘 듣고 연결하세요.

마리아 •	• 등산을 가다
	• 여성적이다
김영수 •	• 부지런하다
	• 연극을 같이 보러 가다
최미영 •	• 요리를 잘하다

6. 여러분은 성격이 어떻습니까? 어떤 성격을 좋아합니까? 이야기하고 써 보세요.

보기 여성적 남성적 내성적 외향적 부지런하다 활발하다 조용하다

읽 기

♣ 다음 글을 잘 읽고 질문에 대답하십시오.

1년 전에 나는 남자 친구가 없었다. 그런데 크리스마스 일주일 전에 사촌 언니가 태권도 선수인 남학생을 소개시켜 준다고 해서 소개팅을 했다. 나는 그 남학생이 너무 멋있게 생겨서 첫눈에 반했다. 그 남학생이 굵은 목소리로 내게 말을 하면 내 심장이 두근두근 뛰는 것 같았다. 그 남학생도 내가 좋다고 해서 우리는 서로 ___㉠___ 되었다.

처음에 우리 둘은 성격도 다르고 취미도 달랐지만 ___㉡___ 지 일 년이 지나니까 서로 많이 닮게 되었다. 1년 전에 내 남자 친구는 아주 남성적이고 외향적이었는데 지금은 내가 오히려 남자 친구보다 더 외향적인 성격으로 변하게 되었다. 친구들은 우리가 웃는 모습도 서로 비슷해 보인다고 한다.

전에 나는 할 줄 아는 운동이 별로 없었는데 ___㉢___ 동안 남자 친구가 여러 가지 운동을 많이 가르쳐 줘서 이제는 할 줄 아는 운동이 많아졌다. 그래서 지금은 운동을 잘하는 편이고 운동을 좋아하게 되었다. 서로에게 맞춰 주려고 노력하는 것이 우리를 더 가깝게 만든 것 같다. 요즘 우리는 같이 영어를 공부하고 있다. 같이 운동도 하고 공부도 할 수 있어서 참 좋다.

1. ㉠, ㉡, ㉢에 들어갈 알맞은 것을 고르십시오.
   ① ㉠사귀게 ㉡사귀는 ㉢사귄　　② ㉠사귀게 ㉡사귀었는 ㉢사귄
   ③ ㉠사귀게 ㉡사귄 ㉢사귀었는　　④ ㉠사귀게 ㉡사귄 ㉢사귀는

2. 글의 내용과 같은 것을 고르십시오.
   ① 나는 남자 친구를 만난 후 성격이 변했다.
   ② 나는 남자 친구에게 영어를 가르쳐 주었다.
   ③ 나와 남자 친구는 처음부터 비슷한 것이 많았다.
   ④ 나는 사촌 언니에게 남자 친구를 소개시켜 주었다.

첫눈	반하다	굵다	심장	두근두근	뛰다
닮다	변하다	비슷하다			

20 누구든지 참가할 수 있습니다

I

외국인 학생 장기자랑 참가 신청 안내

12월 2일에 열리는 외국인 학생 장기자랑에 참가할 학생을 찾습니다. 어학당에서 공부하고 있는 학생은 물론이고 우리 학교에 다니는 외국인 학생은 누구나 참가할 수 있습니다. 노래나 춤에 자신이 있는 분들은 누구든지 신청하세요. 악기 연주나 연극 등 무엇이든지 환영합니다. 여러분의 실력을 보여줄 수 있는 좋은 기회가 될 것입니다. 많은 상금 및 상품이 준비되어 있으며 참가하신 모든 분들께 선물을 드립니다. 즐거운 추억을 위해 한번 도전해 보시기 바랍니다.

• 신청서는 한국어학당 사무실에 준비해 두었습니다.

▶ 신청 기간 : **11월 1일부터 15일까지**
▶ 신청 장소 : **한국어학당 사무실**
☎ 580-6950

대답하세요

① 무엇에 대한 안내입니까?
② 외국인 학생 장기자랑은 언제 열립니까?
③ 참가 신청을 하려면 어떻게 해야 합니까?

단어와 표현

장기자랑　물론　악기　연주
환영하다　상금　및　추억
도전하다　바라다　신청서　두다
참석하다　상장

◉ N은/는 물론이고

• 우리 형은 야구는 물론이고 축구도 잘해요.
• 이 책은 아이들은 물론이고 어른들도 좋아해서 잘 팔립니다.
• 우리 선생님은 영어는 물론이고 중국어, 일본어도 할 수 있다고 해요.
  – 정말 대단하시네요.
•

◉ 및

• 여기에 전화번호 및 주소를 써 주세요.
• 사무실 및 교실 안에서는 담배를 피울 수 없습니다.
• 교통비 및 입장료는 무료입니다. 점심 값만 준비하세요.
•

◉ V–기를 바라다

• 감기가 빨리 나으시기를 바라요.
• 할아버지, 항상 건강하시기를 바랍니다.
• 바쁘시겠지만 꼭 참석해 주시기를 바랍니다.
•

문법 1 N(이)든지

- 공부하다가 질문이 있으면 무엇이든지 물어 보세요.
- 저는 항상 사무실에 있으니까 언제든지 연락해 주세요.
- 한국어학당에서 공부하고 싶은데 저도 다닐 수 있나요?
  - 한국어를 공부하고 싶은 사람은 누구든지 다닐 수 있습니다.

연 습

1. 〈보기〉와 같이 쓰세요.

> 보기 가 : 생일 선물로 받고 싶은 것이 있어요?
> 나 : 티누 씨가 사 주는 것은 무엇이든지 다 좋아요.

1) 가 : 이 책은 어른들만 볼 수 있나요?
   나 : ______________________________.

2) 가 : 동대문 시장에는 뭘 팔아요?
   나 : ______________________________.

3) 가 : 제가 언제 전화하면 받을 수 있습니까?
   나 : ______________________________.

4) 가 : 이 길은 항상 복잡한데 어디로 가면 덜 복잡할까요?
   나 : ______________________________.

5) 가 : 사람들이 이 노래를 들으면 좋아할까?
   나 : ______________________________.

6) 가 : 아사코 씨는 어떤 사람과 결혼하고 싶어요?
   나 : ______________________________.

문법 2 V-아/어 두다

- 다음 주에 발표를 해야 할 테니까 이 책을 좀 읽어 두세요.
- 수업 시간에 배운 단어는 시험에 나오기 쉬우니까 외워 두는 게 좋아요.
- 방학이라서 비행기 표 구하기가 쉽지 않을 텐데 어떡하지요?
  - 저는 방학에 표를 구하기 힘들 것 같아서 지난달에 미리 사 두었어요.

연 습

1. 〈보기〉와 같이 쓰세요.

> **보기** 가 : 해외여행을 하려면 무엇이 필요해요?
> 나 : <u>여권을 미리 준비해 둬야 해요.</u>

1) 가 : 김 선생님을 만나려면 어떻게 해야 하지요?

   나 : 미리 선생님께 ______________________.

2) 가 : 스터디룸을 이용하고 싶은데 어떻게 하면 되나요?

   나 : 도서관에 가서 ______________________.

3) 가 : 이번 시험을 잘 보고 싶은데 어떻게 하면 될까요?

   나 : ______________________.

4) 가 : 추석에는 식당이 모두 문을 닫는다고 하는데 식사는 어떻게 해요?

   나 : ______________________.

5) 가 : 내일 사정이 있어서 학교에 못 오는데 어떻게 하지?

   나 : ______________________.

6) 가 : ______________________?

   나 : 미리 방을 예약해 두는 게 좋을 거예요.

II

아사코 팀 씨, 이번 외국인 학생 장기자랑에 참가해 보지 그래요? 노래 잘 하잖아요.

팀 글쎄요, 노래 부르는 건 좋아하지만 많은 사람들 앞에서 부르는 건 좀 부끄러워요.

아사코 그러지 말고 한번 나가 보세요. 상금이랑 상품도 많고 참가한 사람 모두에게 참가상을 준대요.

팀 그래요? 그럼 한번 도전해 볼까요?

아사코 네, 해 보세요. 팀 씨는 틀림없이 1등을 할 수 있을 거예요. 팀 씨보다 노래 잘하는 사람을 아직 못 봤거든요.

팀 하하하, 아니에요. 저보다 노래 잘하는 사람도 많아요. 아사코 씨도 춤을 잘 추니까 한번 나가 보는 게 어때요?

아사코 저는 용기가 없어서 못 나가요. 대신 팀 씨 응원이나 열심히 할게요.

대답하세요

1. 팀은 외국인 학생 장기자랑에 나갑니까?
2. 장기자랑에는 어떤 상이 있습니까?
3. 왜 아사코는 참가하지 않습니까?

단어와 표현

부끄럽다	나가다	용기	응원
다이어트	고구마	올림픽	선수

◉ V-지 그래요?

- 피곤해 보이는데 오늘은 좀 쉬지 그래요?
- 다이어트에 고구마가 좋다고 하는데 먹어 보지 그래요?
- 좋은 사람을 소개해 준다고 하는데 만나야 할지 모르겠어요.
  – 한번 만나 보지 그래요? 만나 보기 전에는 모르니까요.
-

◉ 그러지 말고

- 저는 오늘 일찍 집에 갈게요.
  – 그러지 말고 같이 식사하러 가요.
- 배가 불러서 더 못 먹겠어요.
  – 그러지 말고 좀 더 드세요.
- 너무 힘들어서 오늘은 태권도 연습을 더 못하겠어요.
  – 그러지 말고 조금만 더 연습합시다.
-

◉ N에 나가다

- 오늘 제니퍼 씨는 학생 마라톤 대회에 나간다고 합니다.
- 올림픽에 나가는 우리나라 선수들의 얼굴이 텔레비전에 나오네요.
- 우리 반에서 누가 한국어 말하기 대회에 나가기로 했어요?
  – 샤오밍 씨가 우리 반 대표로 나가기로 했어요.
-

문법 1 A-대요, V-ㄴ/는대요 / -(으)래요 / -재요 V-(으)ㄹ 거래요, N-(이)래요

• 나는 이번 시험이 좀 어려웠는데 다른 친구들은 쉬웠대.
• 상우 씨, 제니퍼 씨가 바쁘지 않으면 저녁에 같이 밥 먹재요.
• 샤오밍 씨는 졸업 후에 뭐 한대요?
  – 고향으로 돌아갈 거래요.

연 습

1. 〈보기〉와 같이 질문에 대답하세요.

보기 가 : 소영 씨는 매일 아침 뭘 해요?
나 : 매일 아침 수영을 한대요.

1) 가 : 저 사람은 어느 나라 사람이에요?
나 : ______________________.

2) 가 : 아사코 씨는 지금 뭘 만들고 있어요?
나 : 동생 생일이라서 ______________________.

3) 가 : 투이 씨가 어디에 가자고 해요?
나 : ______________________.

4) 가 : 선생님이 뭘 하라고 해요?
나 : ______________________.

5) 가 : 그 사람 성격이 어때요?
나 : ______________________.

6) 가 : 아기가 언제부터 걷기 시작해요?
나 : ______________________.

문법 2 N-(이)나

- 배가 고픈데 밥이 없으니까 라면이나 먹을까 해요.
- 마리 씨, 지금 어디예요? 저 좀 늦을 것 같아요.
  - 저는 벌써 도착했는데, 책이나 읽고 있을게요.
- 주말에 뭐 할 거예요? 특별한 약속 있어요?
  - 아니요, 없어요. 그동안 하지 못한 청소나 하려고 해요.

연 습

1. 〈보기〉와 같이 질문에 대답하세요.

보기 가 : 점심에 뭘 먹을 거예요?
나 : 집에서 라면이나 먹으려고 해요.

1) 가 : 주말에 뭘 할 거예요?
나 : 약속이 취소되었으니까 ______________________.

2) 가 : 수업 후에 뭐 할 거예요?
나 : 숙제도 없으니까 ______________________.

3) 가 : 이따가 뭐 해요?
나 : 오후에는 수업이 없으니까 ______________________.

4) 가 : 저녁에 뭐 할 거야?
나 : 특별한 계획은 없는데 ______________________.

5) 가 : 일요일 아침에 뭐 할 거니?
나 : 회사에 출근 안 해도 되니까 ______________________.

6) 가 : 내일 날씨가 너무 추우면 어떻게 할 거야?
나 : ______________________.

종합연습

1. 다음 문법을 이용하여 문장을 만드세요.

> 보기 제니퍼 : "어제 불고기를 만들어 봤는데 정말 어려웠어요."
> 가 : 제니퍼 씨가 뭐래요?
> 나 : 어제 불고기를 만들어 봤는데 정말 어려웠대요.

1) 투이 : "우리 다 같이 영화 보러 갑시다."

가 : 투이 씨가 뭐래요?

나 : ____________________.

2) 마리 : "운전해야 해서 술을 안 마셨어요."

가 : 마리가 뭐라고 했어?

나 : ____________________.

3) 상우 : "지금 비행기 표를 사면 아주 비쌀 거예요."

가 : 상우 씨가 뭐라고 했어요?

나 : ____________________.

4) 선생님 : "일등을 한 마이클 씨를 축하해 줍시다."

가 : 선생님께서 뭐라고 하셨어요?

나 : ____________________.

5) 티누 : "내일 아침에 나한테 전화 좀 해 주세요."

가 : 티누 씨가 뭐라고 했어요?

나 : ____________________.

6) 아사코 : "머리가 너무 아파서 병원에 가야겠어요."

가 : 아사코 씨가 뭐라고 했어요?

나 : ____________________.

2. 알맞은 단어를 골라서 문장에 맞게 쓰세요.

부끄럽다	도전하다	나가다	참석하다	응원하다	연주하다

1) 가 : 외국인 잔치에 (   )?
   나 : 네, 한국 노래를 준비했는데 잘할 수 있을지 모르겠어요.

2) 방학에 마라톤에 (   ) 보려고 해요. 다른 사람이 하는 것을 보면 참 부러웠거든요.

3) 우체국에 갔는데 직원이 하는 말을 못 알아들어서 (   ).

4) 저기 피아노를 (   ) 사람이 누구예요?

5) 가 : 어제 다 같이 모여서 축구 경기를 봤어요. 다음에는 같이 가요.
   나 : 좋아요. 저도 빨간색 티셔츠를 입고 (   ) 보고 싶었어요.

6) 2시부터 회의가 있습니다. 모두 (   ) 주시기 바랍니다.

3. 다음 문법을 이용해서 대화를 완성하세요.

N든지	V-아/어 두다	N-(이)나

1) 가 : 통장을 만들고 싶은데 아이들도 만들 수 있나요?
   나 : 네, ________________________________.

2) 가 : 오늘은 운전해야 되기 때문에 술은 못 마시는데요.
   나 : 그럼 ________________________________.

3) 가 : 영화가 시작하려면 좀 기다려야 하는데 뭘 하면 좋을까요?
   나 : 그러면 ________________________________.

4) 가 : 그 연극은 빨리 표를 사지 않으면 표가 없을 텐데요.
   나 : 걱정 마세요. ________________________________.

4. 글을 읽고 보기와 같이 말해 보세요.

> **보기** 가 : 어제 친구와 싸웠는데 아직도 서로 말을 안 해요.
> 나 : 친구에게 먼저 미안하다고 말해 보지 그래요?

1) 가 : 요즘은 공부도 잘 안 되고 부모님이 너무 보고 싶어요.
   나 : ______________________________?

2) 가 : 좋아하는 사람이 있는데 용기가 없어서 말을 못하겠어요.
   나 : ______________________________?

3) 가 : 컴퓨터를 사고 싶은데 돈이 없어요.
   나 : ______________________________?

4) 가 : 한국인 친구를 사귀고 싶은데 쉽지 않아요.
   나 : ______________________________?

5) 가 : 밤에 잠이 잘 오지 않아요.
   나 : ______________________________?

5. 잘 듣고 질문에 대답하세요.

1) 외국인들이 나와서 __________에 대해 이야기하는 텔레비전 프로그램이에요.

2) 잘 듣고 맞으면 ○, 틀리면 × 하세요.
   ① '나의 한국 생활'은 한국에 산 지 오래된 외국인만 신청할 수 있다. (　　)
   ② '나의 한국 생활'에 나가려면 인터넷으로 먼저 신청해야 한다. (　　)
   ③ 아사코는 '나의 한국 생활'에서 아르바이트를 하고 있다. (　　)

읽기

♣ 다음 글을 잘 읽고 질문에 대답해 보십시오.

한국에서는 앞으로 오만 원, 십만 원의 지폐가 나올 예정인데, 오만 원권에 실릴 위인은 한국의 어머니, 신사임당이다. 신사임당은 조선 시대의 학자인 이율곡의 어머니로도 유명하지만 조선 시대의 대표적인 예술가이다.

신사임당은 그림을 잘 그리고 글씨도 잘 썼다. 신사임당은 산이나 강, 과일, 풀 등 주로 우리 주위에서 쉽게 볼 수 있는 것들을 그렸다. ㉠그 중 '초충도'는 풀과 벌레를 그린 그림인데, 오천 원권 지폐의 그림으로 유명하다.

글씨나 그림은 물론이고 신사임당은 시도 잘 썼다. 신사임당이 쓴 시에서는 어머니를 걱정하는 딸의 마음이 표현되어 있다. 결혼한 지 얼마 되지 않아 아버지가 돌아가셔서 신사임당은 고향에 혼자 계시는 어머니를 걱정하며 매일 눈물을 흘렸다. 항상 고향과 어머니를 생각하며 지낸 신사임당은 시를 써서 자신의 마음을 표현할 수밖에 없었다.

아들 이율곡을 훌륭한 학자로 만들었고, 좋은 아내였으며, 어려운 환경 속에서 자신의 꿈을 이룬 신사임당이 새 지폐의 주인공이 되는 것은 당연한 일인 것 같다.

1. ㉠은 무엇입니까?

① 조선 시대의 위인들　② 사임당이 그린 그림들
③ 한국의 여러 가지 지폐　④ 우리 주변에서 볼 수 있는 것

2. 내용과 다른 것을 고르십시오.

① 신사임당은 그림은 물론이고 글씨도 잘 썼다.
② 신사임당은 앞으로 나올 고액권 지폐의 주인공이다.
③ 신사임당은 조선시대 학자 이율곡의 어머니이다.
④ 신사임당은 고향에 가고 싶어서 '초충도'를 그렸다.

지폐	예정	권	실리다	위인	신사임당	시대	학자
예술가	풀	벌레	시	이율곡	훌륭하다	이루다	당연하다

듣기 지문

1과 소피 씨는 호주에 가 본 적이 있어요?

1) 상우 : 소피 씨, 한국 영화를 본 적이 있어요?
   소피 : 네, 한 번 본 적이 있어요.
   상우 : 그래요? 무슨 영화를 봤어요?
   소피 : '가족' 이라는 영화를 봤어요.

2) 소영 : 피터 씨, 태권도를 배워 본 적이 있어요?
   피터 : 아뇨, 배우고 싶었는데 기회가 없었어요.
   소영 : 그럼 시간이 있으면 같이 배워 볼래요?
   피터 씨는 남자라서 쉽게 배울 수 있을 거예요.
   피터 : 좋아요. 그러면 언제부터 시작할까요?

3) 소 영 : 샤오밍 씨, 제주도에 가 본 적이 있어요?
   샤오밍 : 그럼요. 지난 여름 방학 때 갔다 왔어요.
   제주도는 경치가 아름답기로 유명하지요?
   소 영 : 네, 맞아요. 한라산에도 올라가 봤어요?
   샤오밍 : 아뇨, 그때 날씨가 안 좋아서 못 갔어요.

4) 소영 : 팀 씨, 김치찌개를 먹어 본 적이 있어요?
   팀 : 물론이에요. 저는 매운 음식을 좋아해서 김치로
   만든 음식은 다 좋아해요.
   소영 : 그래요? 그럼 김치찌개를 만들 줄 알아요?
   팀 : 아뇨. 소영 씨가 만들 줄 알면 가르쳐 주세요.

2과 지하철을 타고 가다가 버스로 갈아타세요

1) 여학생 : 아저씨, 하나약국 앞에 내려 주세요.

기　사 : 죄송하지만 하나약국이 어디에 있습니까?

여학생 : 곧장 가다가 첫 번째 사거리에서 오른쪽으로 가세요. 그러면 우체국이 보여요. 우체국 옆에 하나약국이 있어요.

기　사 : 네, 알겠습니다.

2) 기　사 : 안녕하세요?

남학생 : 안녕하세요? 아저씨 곧장 가다가 두 번째 사거리에서 왼쪽으로 가 주세요.

기　사 : 한국 은행에 가세요?

남학생 : 아니요, 그 옆에 있는 커피숍에 가려고 해요.

3) 기　　사 : 어서 오세요.

아주머니 : 아저씨, 문화박물관으로 가 주세요.

기　　사 : 문화 박물관이요? 제가 잘 모르는데 죄송하지만 설명해 주시겠어요?

아주머니 : 네, 곧장 가다가 두 번째 사거리에서 오른쪽으로 가세요. 그리고 다시 사거리가 나오면 왼쪽으로 가시면 돼요. 횡단보도가 보이면 그 앞에서 내려 주세요.

3과 열이 많이 나고 기침도 심해요

1) 간호사 : 어떻게 오셨어요?
상　우 : 농구를 하다가 다리를 다쳤어요.
간호사 : 저희 병원에 처음 오셨어요?
상　우 : 네, 처음이에요.
간호사 : 그럼, 여기에 주소와 전화번호를 써 주세요.
의자에 앉아서 조금만 기다려 주세요.

2) 약사 : 어서 오세요. 어떻게 오셨습니까?
소영 : 어젯밤부터 배가 아파서요.
약사 : 어제 무슨 음식을 먹었어요?
소영 : 저녁에 친구들하고 술을 마시면서 회를 먹었어요.
약사 : 열도 있어요?
소영 : 아니요, 열은 없어요.
약사 : 그럼, 약을 드릴 테니까 지금 드세요.
그리고 오늘 저녁은 드시지 마세요.
소영 : 병원에는 안 가 봐도 될까요?
약사 : 약을 먹은 후에도 배가 아프면 병원에 가 보도록 하세요.

4과 방을 구해 본 적이 있는데요

팀　　　 : 여보세요, 거기 580-6950이죠?
아주머니 : 네, 그런데요.

팀 : 방을 좀 보러 가려고 하는데요. 월세는 얼마예요?
아주머니 : 한 달에 40만원이에요.
팀 : 그래요? 월세가 좀 비싼 것 같네요.
아주머니 : 큰 방이라서 40만원은 받아야 해요.
팀 : 그럼, 친구와 같이 써도 돼요?
아주머니 : 그럼요. 방이 넓어서 두 사람이 사용해도 괜찮아요. 방을 직접 보면 마음에 들 거예요. 몇 시쯤 보러 올 거예요?
팀 : 음, 지금이 12시니까 오후 1시쯤 가면 어떨까요?
아주머니 : 아이구, 미안해요. 내가 지금 잠깐 밖에 나가려고 하는데 2시쯤 돌아올 거예요.
팀 : 그럼 2시 반쯤 갈게요.
아주머니 : 네, 그렇게 하세요.

5과 지금 배달이 되나요?

1) 티누 : 투이 씨, 우리 뭐 시킬까요?
투이 : 저는 피자를 먹고 싶어요.
티누 : 치킨하고 콜라도 시킬까요?
투이 : 너무 많을 것 같아요. 콜라만 더 시켜요.
티누 : 알겠어요. 그럼 치킨은 안 시킬게요.

2) 팀 : 오늘 날씨가 너무 더워. 뜨거운 커피보다 시원한 주스를 마실까?

제니퍼 : 그거 좋은 생각이야.

나도 덥고 목이 말라서 시원한 주스를 마시고 싶어.

팀 : 그럼 나는 키위 주스로 하겠어.

제니퍼 : 나는 딸기 주스로 할래.

팀 : 그런데 이 가게는 딸기 주스가 없는 것 같아.

제니퍼 : 그래? 그럼 나는 오렌지 주스를 마실게.

3) 주 인 : 네, 식당입니다.

아사코 : 여기 한국 아파트 101동 307호인데 칼국수 2그릇 갖다 주세요.

주 인 : 죄송합니다. 오늘은 칼국수가 안 되는데요.

아사코 : 그럼 김치찌개는 되나요?

주 인 : 네, 돼요.

아사코 : 그럼 그걸로 갖다 주세요.

주 인 : 네, 알겠어요. 조금만 기다려 주세요.

6과 잘 가

나는 오늘 아사코, 팀, 상우 씨와 함께 부산에 갔다 왔다. 부산 해운대역까지 기차로 네 시간쯤 걸렸다.

해운대는 정말 넓고 아름다운 바닷가였다. 아직 여름이 아니라서 해운대에는 사람이 많지 않았다. 내 고향에도 바다가 있어서 여름이 되면 바다에서 자주 수영을 했었다. 해운대는 내 고향의 바닷가와 비슷해서 고향에 계신 부모님 생각이 났다. 나는 부모님께 보내 드리려고 바닷가에서 친구들과 사진을 찍었다.

바닷가에 앉아서 준비해 간 점심을 먹고 우리는 지하철을 타고 부산 시내에 갔다. 부산 시내에는 외국인 거리가 있어서 한국 전통 물건들을 많이 구경할 수 있었다. 나는 룸메이트에게 주려고 한복 입은 인형을 하나 샀다.

부산에는 구경할 곳이 너무 많았다. "부산은 한국에서 두 번째로 큰 도시예요." 하고 상우 씨가 말했다. 우리는 다음에 또 가기로 했다.

7과 노란색을 원하시면 주문해 드릴 수 있어요

1) 상우 : 소피 씨도 토요일에 같이 산에 갈 수 있지요?
   소피 : 글쎄요, 갈 수 있을지 모르겠어요. 아직 다리가 다 낫지 않았거든요.

2) 피터 : 여보세요? 샤오밍 씨, 저 피터예요. 미안한데요, 제가 시간이 없어서 그러는데 제 책상 위에 있는 파란색 공책을 마리 씨에게 좀 갖다 줄 수 있어요? 제가 마리 씨한테서 빌린 공책인데 오늘 마리 씨가 필요하다고 해서요. 미안해요, 샤오밍 씨.

3) 투이 : 이 구두를 선물 받았는데 운동화로 바꾸고 싶어서 왔어요.
   점원 : 구두가 불편하세요?

투이 : 네, 저는 구두를 잘 신지 않거든요.

4) 티누 : 소영 씨, 우산이 있어요?
밖에 나가려고 하는데 비가 너무 많이 와서요.
소영 : 티누 씨, 옷장 안에 보면 빨간 우산이랑 까만 우산이 있을 거예요. 비가 많이 오면 까만 우산을 쓰고 가세요. 빨간 우산보다 더 크거든요.
티누 : 네, 고마워요.

8과 김장을 하지 않고 사 먹는 사람이 많다고 합니다

1) 어머니 : 오늘은 우산을 가지고 가.
일기예보를 봤는데 오늘 저녁부터 비가 온다고 했거든.
아 들 : 아니요, 안 가지고 갈래요.
지난번에도 비가 온다고 했는데 날씨가 좋았거든요.
일기예보가 안 맞는 것 같아요.
어머니 : 그러지 말고 가져가도록 해. 정말 비가 오면 어떡하려고 해?

2) 앵커 : 한여름에는 삼계탕을 먹는 사람들이 많다고 합니다. 삼계탕은 뜨거운 음식입니다. 그렇지만 한국 사람들은 추운 겨울보다 더운 여름에 삼계탕을 더 많이 먹는다고 합니다. 삼계탕을 먹으면 여름을 건강하게 보낼 수 있기 때문이라고 합니다.

3) 소영 : 티누가 왜 아직 안 오지?
팀 : 조금 늦을 거라고 했어. 병원에 간다고 했거든.
소영 : 왜? 티누가 어디 아파?
팀 : 머리도 아프고 열도 난다고 했어.
소영 : 그러면 오늘 많이 늦겠네.
팀 : 아니, 병원에 갔다가 네 시 전까지 온다고 했으니까 조금만 더 기다리자.

9과 면접 보러 가기로 했어

여대생 : 안녕하세요? 오후에 전화 드린 학생이에요.
사 장 : 네, 여기 좀 앉으세요. 이력서 가지고 왔어요?
여대생 : 네, 여기 있습니다.
사 장 : 지금 대학교에 다니고 있네요. 아르바이트를 해 본 적이 있어요?
여대생 : 네, 백화점에서 물건 파는 일을 해 봤고 식당에서 일해 본 적도 있습니다. 식당에서는 6개월 정도 일했습니다.
사 장 : 그렇군요. 평일에는 오후 4시부터 밤 11시까지, 주말에는 오전 11시부터 밤 11시까지 일할 사람이 필요한데 언제가 괜찮아요?
여대생 : 지금 4학년이라서 수업이 많이 없으니까 평일이 더 좋을 것 같습니다.
사 장 : 그래요? 그럼 연락처를 여기에 좀 써 주세요. 급여는 한 시간에 3천 5백 원이고 3개월 이상 근무하면 4천 원이에요.

여대생 : 네, 알겠습니다.

사　장 : 밤에는 손님이 많아서 일이 힘들 텐데 괜찮겠어요?

여대생 : 괜찮습니다.

사　장 : 오후에 한 사람이 더 면접을 보러 오기로 했어요.
그 사람을 만나 보고 오늘 저녁에 연락해 줄게요.

여대생 : 네, 연락 기다리겠습니다. 안녕히 계세요.

10과 에어컨을 껐다가 다시 켰어요

소영 : 여보세요, 서비스 센터지요?

직원 : 네, 그런데요. 무엇을 도와 드릴까요?

소영 : 어제 산 난방기가 고장 난 것 같아요.
바람이 따뜻하지 않아요.

직원 : 새 제품이니까 고장 나지는 않았을 거예요.
바람의 세기가 '약'으로 되어 있으면 바람이 따뜻하지 않아요. 바람의 세기를 조절하셔야 해요.

소영 : '강'으로 조절하려면 어떻게 해야 해요?

직원 : 지금 난방기 앞에 계세요? 내가 말하는 대로 따라 하세요.

소영 : 네, 말씀하세요.

직원 : 먼저 난방기를 켜고 운전 버튼을 누르세요. 음, 그리고 원하시는 온도로 맞추세요. 어때요? 지금도 시원한 바람이 나와요?

샤오밍 : 아니에요. 따뜻한 바람이 나와요. 고맙습니다.

직　원 : 아닙니다. 또 문제가 있으면 연락하십시오.
감사합니다.

11과 잡채를 만들어 볼까요?

상우 : 소영 씨, 지금 뭐해요?

소영 : 저녁 식사 준비하고 있어요.

상우 : 직접 만들어 드세요?

소영 : 네, 자취를 처음 시작할 때는 항상 사 먹었는데 계속 파는 음식을 먹으니까 집에서 지은 밥이 너무 먹고 싶었어요. 그래서 지금은 조금씩 만들어 먹어요.

상우 : 그래요? 저는 직접 요리하니까 재료도 많이 필요하고 다 못 먹고 버리는 것도 많았어요. 그래서 요즘은 파는 음식을 사 먹고 있어요.

소영 : 하지만 파는 음식은 패스트푸드가 많아서 건강에 좋지 않아요. 조금 힘들어도 직접 만들어 보니까 건강도 좋아지고 요리가 재미있어졌어요. 요즘은 만들 수 있는 요리도 많아요.

상우 : 저도 패스트푸드를 많이 먹어서 건강이 나빠진 것 같아요. 이제부터는 소영 씨처럼 조금씩 만들어 먹어야겠어요.

소영 : 그럼 다음에 같이 요리를 해서 친구들을 한번 초대할까요?

상우 : 그럴까요? 오늘부터 열심히 요리 연습을 해야겠어요.
소영 씨는 무슨 요리를 제일 잘 해요?

소영 : 저는 김치찌개와 잡채를 잘 해요.

상우 : 와, 대단해요. 저도 가르쳐 주세요.

소영 : 그럼, 다음에 우리 집에 오세요. 제가 만드는 방법을 가르쳐 드릴게요.

12과 다음 주말에 설악산에 갈까 해요

1) 손님 : 이번 주 금요일 오후 6시에 갈까 하는데 예약은 가능한가요?

직원 : 그럼요. 모두 몇 사람인가요?
그리고 음식은 무엇으로 준비해 드릴까요?

손님 : 모두 12명이에요. 갈비탕으로 준비해 주시면 돼요.

직원 : 네, 알겠습니다. 금요일에 뵙겠습니다.

2) 미용사 : 3시에 예약하신 분이세요?

손　님 : 네.

미용사 : 이쪽으로 앉으세요. 머리는 어떻게 해 드릴까요?

손　님 : 짧게 자를까 해요.

미용사 : 이 옷을 입고 잠시만 기다려 주세요.

3) 환자 : 오늘 2시쯤 병원에 갈까 하는데요.

직원 : 죄송합니다. 오늘 예약은 벌써 다 끝났습니다.

요즘 감기가 유행이라 환자들이 많아서요.

환자 : 그러면 내일 오전 열 시는 괜찮아요?

직원 : 네, 가능합니다.

13과 시험 치는 날에는 미역국을 먹지 말라고 했어요

1) 팀 : 한국 사람들은 외국인에 대해 알고 싶은 게 많은 거 같아요. 며칠 전에 상우 씨가 나에게 친구 한 명을 소개해 주었어요. 그 친구는 나에게 정말 많은 질문을 했어요. 어느 나라에서 왔느냐고, 나이가 몇 살이냐고, 가족이 몇 명이냐고, 취미가 뭐냐고, 한국에는 왜 유학 왔느냐고, 여자 친구는 있느냐고 물어보았어요. 대답하기 어려운 질문들을 많이 하는 것 같아요.

2) 샤오밍 : 매일 조금씩 운동을 하면 건강에 좋습니다. 그래서 저는 친구에게 아침 일찍 일어나서 공원에서 운동하자고 했습니다. 그렇지만 친구는 피곤해서 아침에 일찍 일어날 수 없다고 했습니다. 왜냐하면 친구는 요즘 등록금 때문에 밤늦게까지 아르바이트를 하기 때문입니다.

3) 소영 : 5시쯤 동생이 아이스크림을 사 오라고 전화했다. 나는 6시까지 수업이 있어서 수업 후에 사 가겠다고 했다. 그런데 6시에 회의가 있는 걸 깜빡 잊고

있었다. 회의를 하고 있는데 동생에게서 다시 전화가 왔다. 그렇지만 회의 중이라서 전화를 받을 수 없었다. 회의가 끝나고 동생에게 전화를 했지만 동생은 전화를 받지 않았다.

14과 명절 음식을 좀 가져왔어요

1) 상우 : 추석 때 뭐 했어요?
투이 : 극장에 가서 새로 나온 영화를 봤어요.
상우 : 저도 친척들과 같이 영화를 보려고 했는데 표가 없어서 못 봤어요.
투이 : 제 친구가 예매를 하지 않았으면 저도 영화를 못 봤을 거예요.

2) 소영 : 상우 씨는 설날과 추석 중에 어느 명절을 더 좋아해요?
상우 : 물론 설날이지요. 세뱃돈도 많이 받을 수 있고 세뱃돈으로 사고 싶은 것을 살 수도 있으니까요.
소영 : 그래요? 저는 추석이 좋아요. 가을이라서 날씨도 좋고 사과랑 포도 등 제가 좋아하는 과일도 많이 먹을 수 있거든요.

3) 한국에서 가장 큰 명절은 설날과 추석입니다. 설날에는 아침 일찍 차례를 지내고 세배를 한 후에 떡국을 먹습니다. 그

리고 윷놀이도 합니다. 추석 전날에는 송편을 만들고 추석 날 아침에는 차례를 지냅니다. 저녁에는 달을 구경합니다.

15과 아직 한 번도 못 가 봤어

직　원 : 대출하려는 책이 모두 네 권 맞아요?
아사코 : 네, 학생증은 여기 있어요.
직　원 : 아, 잠깐만요. 아직 반납하지 않은 책이 한 권 있네요.
아사코 : 정말이에요? 무슨 책이에요?
직　원 : '한국어 문법' 이에요.
아사코 : 그러면 저는 책을 못 빌리나요?
직　원 : 네, 죄송합니다. 연체료가 오늘까지 팔백 원이에요. 하루에 백 원씩이거든요.
아사코 : 빨리 반납해야겠네요. 아, 상우 씨, 안녕하세요?
상　우 : 책은 벌써 다 빌렸어요?
아사코 : 아니요, 반납하지 못 한 책이 한 권 있어서 못 빌렸어요. 상우 씨가 이 책도 같이 빌려주면 안 될까요?
상　우 : 네, 그렇게 해요. 그런데 두 권밖에 대출할 수 없을 거예요. 지난주에 대출한 책을 아직 반납 안 했거든요.

1) 아사코는 왜 책을 못 빌립니까?

16과 아무리 기다려도 물건이 오지 않아서요

제니퍼 : 상우 씨, 무슨 노래를 듣고 있어요?

상　우 : 제가 고등학생 때 자주 듣던 '사랑하기 때문에'라고 하는 노래예요.

제니퍼 : 그래요? 가수가 누구예요?

상　우 : 제니퍼 씨는 잘 모를 거예요. 지금은 그 가수를 볼 수 없거든요. 그 가수는 자신이 만든 노래가 유명해지기도 전에 죽었어요. 그때 그 가수의 나이는 26살밖에 안 되었어요.

제니퍼 : 그럼 가수 생활을 오래 하지도 못했을 텐데 어떻게 유명해지게 된 거예요?

상　우 : 노래가 아주 좋거든요. 죽기 전에 만든 노래가 모두 아홉 개인데 노래가 모두 아름다워요. 아무리 많이 들어도 싫지가 않아요. 게다가 그 노래들은 모두 자기가 사랑하던 여자 친구를 위해서 만든 노래라서 더 좋은 것 같아요. 여자 친구를 얼마나 사랑했는지 알 수 있거든요.

제니퍼 : 그렇군요. 저도 CD를 사서 한번 들어 보고 싶어요.

17과 한글날은 한글을 만든 것을 기념하는 날이에요

'삐' 소리 후에 메시지를 남겨주세요.

'삐-' 오빠, 잘 지내시죠? 여러 번 전화했는데 안 받네요.

다음 주가 부모님 결혼기념일인데, 잊지 않았죠? 그래서 작은 파티를 열어서 선물을 드리려고 하는데 오빠도 꼭 와야 해요.

혹시 선물에 대해 생각해 봤어요? 엄마가 좋아하시는 여행을 보내 드리고 싶지만 우리가 가진 돈에 비해 너무 비싼 것 같아요. 어쨌든 우리의 마음을 표현할 수 있는 선물이 제일 좋을 것 같아요. 그래서 저는 선물과 함께 부모님께 편지를 써서 드리려고 해요. 그리고 그 날은 제가 식사 준비를 할 생각이에요.

아, 어머니께서 오빠가 노래하는 걸 좋아하시니까 오빠가 와서 노래를 불러 드려도 괜찮을 것 같아요. 그리고 무슨 선물을 사면 좋을지 오빠도 한번 생각해 보세요. 메시지 듣고 전화해 주세요.

18과 창 밖으로 바다가 보여서 전망이 좋아요

1) 티 누 : 어디에 갔다 왔어요?
제니퍼 : 이 앞에 새로 생긴 미용실에 갔다 왔어요.
티 누 : 그래요? 이 근처에 미용실이 새로 생겼어요?
제니퍼 : 네, 저도 처음 가 봤는데 아주머니도 친절하시고 값도 비싸지 않은 것 같아요.
티 누 : 제니퍼 씨는 그곳을 어떻게 알게 되었어요?
제니퍼 : ( )

2) 소영 : 저 이번에 컴퓨터 회사에 취직하게 되었어요.
상우 : 그거 정말 잘 됐네요. 축하해요.
소영 : 고마워요. 취직이 안 돼서 걱정하고 있었거든요.

상우 : 맞아요. 요즘 취직하기는 하늘의 별따기예요.
그런데 소영 씨는 어떻게 그 회사에 들어가게 되었어요?

3) 아들 : 엄마 제 모자가 어디에 있어요?
엄마 : 침대 위에 놓여 있어.
아들 : 거기에 없어요.
엄마 : 그럼 옷장 안에 있을 거야. 찾아 봐.
아들 : 옷장 안에도 없어요. 아무리 찾아도 없어요. 엄마가 좀 찾아주세요.

19과 어떤 사람을 좋아해요?

마리아 : 저는 영국에서 온 마리아라고 합니다. 지금 한국에서 대학교에 다니고 있는데 남자 친구를 사귀고 싶습니다. 저는 부지런하고 책 읽는 것을 좋아하는 남학생을 만나고 싶습니다.

영 수 : 안녕하십니까? 제 이름은 김영수입니다. 회사원이고 올해 서른 살입니다. 저와 결혼해 주실 분을 찾고 있습니다. 저는 여성적인 분을 좋아하는데 특히 요리를 잘하시는 분이면 더욱 좋겠습니다.

미 영 : 안녕하세요? 제 이름은 최미영이고 영어 강사입니

다. 저는 멋진 남자 분을 만나고 싶습니다. 제가 연극을 좋아해서 함께 연극을 보러 갈 수 있는 분이면 참 좋겠습니다. 그리고 주말엔 같이 등산도 가고 싶습니다.

20과 누구든지 참가할 수 있습니다

상 우 : 아사코 씨, 요즘도 많이 바빠요?

아사코 : 아니요, 아르바이트가 끝나서 지난주부터 집에서 쉬고 있어요. 그래서 요즘 좀 심심해요.

상 우 : 그러면 아사코 씨도 '나의 한국 생활'에 한번 나가 보세요.

아사코 : '나의 한국 생활'이 뭐예요?

상 우 : 외국인들이 텔레비전에 나와서 한국 문화에 대해 이야기하는 프로그램 있잖아요.

아사코 : 아, 그거요? 본 적은 없지만 들어 봤어요.

상 우 : 아사코 씨는 한국 문화에 대해 관심이 많으니까 나가면 좋은 추억을 만들 수 있을 거예요.

아사코 : 누구든지 신청할 수 있어요?

상 우 : 네, 한국에 사는 외국인은 누구든지 신청이 가능하대요. 인터넷으로 먼저 신청한 후에 시민회관 3층에 가서 면접을 보면 된대요.

1) '나의 한국 생활'은 무엇입니까?

새로 나온 어휘

살아있는 한국어 Ⅲ

지은이 김선정, 강현자, 정재영, 박성심, 이정윤
삽 화 이진한
펴낸이 신일희
펴낸곳 계명대학교 출판부

초판1쇄발행 2009년 12월 22일
초판9쇄발행 2025년 2월 28일

주소 대구 달서구 달구벌대로 1095
전화 053) 580-6233
팩스 053) 580-6235

ISBN 978-89-7585-568-9
ISBN 978-89-7585-565-8 (세트)
※잘못된 책은 교환해 드립니다.

정가 17,000원